宇宙の塵

人生が豊かになる
究極マインド

大家啓一
OHKA KEIICHI

幻冬舎MC

宇宙の塵

人生が豊かになる究極マインド

はじめに

人は誰でもいつかは必ず死ぬもの。自分の生きてきた足跡にそこそこ満足することができれば、それで良しとするべきです。結核から脊椎カリエスを発症してわずか34歳で亡くなった俳人・歌人の正岡子規は、死が近づくにつれてその作風が明るくなっていきました。それはおそらく、死というものを受け入れ、自分の生に納得したからこその明るさだったのだろうと感じます。私も、自分の死というものをできるだけ明るく迎えたいと思います。

私たちが生きているこの地球は、飛行機に代表される物理的な移動手段だけでなく、インターネットやメール、ＳＮＳなどによってずいぶん小さく、身近に感じられるようになりました。しかし、宇宙を見上げれば人類の想像も及ばない広大な空間が広がっていて、膨大なエネルギーが渦巻いています。しかし、たとえ宇宙のほとんどが目に見えないダークマター（暗黒物質）だとしても、目に見える光もまた確実に存在しています。私は、この光こそが、日々を一生懸命に生きている私たち全ての人類にとっての希望なのだと感じるのです。私たちが生きるこの地球は、宇宙から見ればほんのちっぽけな惑星のひとつに過ぎません。そこに生きる私たちが、富や愛、そして命までも失っていたとしても、宇宙の光はそんなことにお構いなくずっと存在し続けることでしょう。

　そんな宇宙の光のように、最後に残る希望となってほしいという願いを込めて、本書を『宇宙の光』と名付けたくも思いました。しかし、私たちは宇宙を構成している塵であることも事実です。

　私が生まれたのは昭和10（１９３５）年のことです。小学生の時に戦争を経験したこともあって、病気やケガをした人を自分の手で治せるようになりたいと医師を目指しました。高校時代に一生懸命に勉強した甲斐あって医師になれたのは、ちょうど日本が経済成長真っ只中にある頃でした。そんな時代だったこともあり、若輩者ながら多くの人たちに支えられて病院を開業することができました。そこからは文字通り寝食を忘れて病院長兼医師兼雑用係として突っ走りました。そうやって約20年間走り続けたのですが、ふとした時に「医師の仕事以外にも何かやってみたい！」と思うようになったのです。そこから政界を目指し、5期20年もの長きにわたって富山県小矢部市の市長を務めさせていただくことができました。

市長を引退した時には、市長としての20年間の活動が認められて旭日中綬章という名誉ある勲章を賜ることができましたし、引退してからは好きなゴルフに熱中したり、縄文時代の高床住居を建ててみたりと好きなことをやって過ごしてきました。自分で言うのもなんですが、なかなか豊かで数奇な人生だったと思います。

そんな私もそろそろ、自分の死とか魂といったことについて考える年齢になりました。髪はもちろん眉毛などにも白いものが目立つようになり、鏡を見る度に「年をとったな……」と痛感します。当然のことながら物覚えも悪くなっていますし、妄想が混ざったり、時間や場所があやふやになったりすることも。思い込みや勘違いで怒り出してしまうこともあるので、脳もかなり老化しているのだなぁと残念に感じます。確かに老いると不自由なことも増えていきます。とはいえ、私は決して不老不死を望んでいるわけではありません。そりゃあまだまだやりたいことはたくさんありますが、万が一永遠の命なんてものを手に入れてもボケてしまっては意味がありません。ボケなかったとしても、あっという間にやるべきこともやりたいこともなくなって、毎日が退屈で仕方なくなることでしょう。戦後の焼け野原から世界一の経済大国へと昇り詰めた日本を生き抜き、病院の経営者として成功し、政治家としても結果を残すことができた私は、自分の人生にそれなりに満足しています。満足しているからこそ、いつ死んでも悔いはないと言えるでしょう。

大家啓一

宇宙の塵

人生が豊かになる究極マインド

目次

はじめに　3

第1章　「生きる」ということ……15

裕福になりたい！　16
「心の健康」を診る仕事　18
恍惚としながらも人生は続く　22
闘病生活を続ける妻へ　25
病気を治すのは医者ではない？　27
「大人の発達障害」なんて言い訳だ　30
生きるなら健康でいたい　32
気晴らしが必要だ　34
書き溜めたメモに人生が詰まっている？　36
生まれ故郷の街に想うこと　38

不安を感じたら、セロトニンを増やそう　42
あるがままに生きる　45
私の足跡①　小矢部大家病院　48

第2章　若者たちへ

第2章　若者たちへ……51
老年期に至って思うこと　52
大切なのは勉強だけじゃない　55
今の私の礎となった母の教え　57
脳の成長は3歳で止まる？　59
愛と性を、もっと大切にしてほしい　61
飽くなき探求心を持とう　63
家族について　65
母の信念が、私を医者にした　67
日本の教育について　69

日本の財政は大丈夫か？　71
生涯忘れられない感動　73
子どもの頃の遊び　76
小矢部市の子どもたちの「ダディ」として　77
お互いに助け合い、支え合える日本人　79
女性たちへ　81
国や社会、公共の役に立つことを　83
「井の中の蛙」だった大学時代　85
日本人であることに誇りを持ってほしい　88
時流を見極めよう　90
私の足跡②　クロスランドおやべ　92

第3章　「歴史」から学ぼう……95

日本は存亡の危機を迎えている？　96

ナンバー2の話　99
日本の原点である縄文時代への思い　101
戦国時代、日本は世界最強の軍事国家だった？　104
ペリーも認めた吉田松陰という傑物　106
日本的な価値観や美意識を大切に　109
ペストがルネサンス文化を生んだ？　111
アメリカは再び超大国になれるのか？　113
世の中を変える人、とは？　116
私の足跡③　縄文山荘　119

第4章　「好き」を大切に……121

世界中に足跡を残したい　122
イタリアが好きだ！　124
人生には息抜きだって必要だ　126

タワーを建てたい！　129
女性たちの存在が私を育てた　132
忘れられない家庭料理の「ふるさと煮」　134
科学者としてのダ・ヴィンチが好きだ！　136
私の足跡④　コレクション　138

第5章　私の歴史　……　141

戦争の真っ只中に過ごした少年時代　142
「国のために」という心が支えとなった　143
復興とともに学生時代を過ごす　144
心の病を治す医師への興味　146
多くの人たちに支えられて病院を開業　147
病院経営にのめり込み、多忙な生活へ　148
時流の変化に合わせて病院施設を拡大　149

地域の人々の役に立つ政治家への転身 150
「総合計画」に基づくまちづくり 152
インフラ整備や文化拠点の建設に邁進 154
小矢部の未来のために歴史を見直す 155
20年の市長在任期間で世の中も大きく変化 157
クロスランドタワーが解体の危機に!? 159
政治家としての心残り 161
私の足跡⑤ 勲章 163

第6章 みんな「宇宙の塵」だから

第6章 みんな「宇宙の塵」だから …… 165
人間とは何か？ 166
「日本人」であることにこだわるべき？ 168
生老病死：生きることは苦しい？ 170
私たちは皆、宇宙人だから 172

死後のこと　174
広大な宇宙の塵に過ぎないと考えれば……　176
日本人と宗教　178
仏教から見たこの世の中のこと　180
私たちが生きているこの宇宙のこと　183
大日如来はブラックホール？　185

おわりに　187

第1章 「生きる」ということ

裕福になりたい！

私が小学校4年生の時、日本はアメリカを中心とする連合国との戦争に負けました。子ども心に、母が「国債が紙屑になってしまった……」と嘆いていたことが、未だに忘れられません。金も物も食料もない、そんな時に少年時代を過ごしたからこそ、私は裕福になりたいと心から願いました。

私の子どもの頃のあだ名は「ケチイチ」です。だいたいあだ名なんてものは本人にとってはあまり嬉しくないことが多いものですが、それでも「ケチイチ」は秀逸です。お金なんてなかったので、本当にケチだったんでしょう。

しかし、お金がなかったからこそ、「裕福になるにはどうすればいいか？」を真剣に考えました。そしてその結果「医者になろう」と決めたのです。その頃、戦争でケガや病気になった人たちだけでなく、敗戦に伴う貧しさのために病気になる人も少なくありませんでした。要するに、身の回りにケガ人や病人がたくさんいたのです。そんな時代ですから、腕の良い医者になって評判が高くなれば、多くの患者さんが来てくれて儲かるだろうと考えたというわけです。

その後大学と大学院で医学を学んだ私は、最終的に精神科の医師になりました。最大の決め手となったのは、日本国憲法の下で精神衛生法が制定され、精神障害者に対する制度が大きく変わったことにあります。精神障害者については、それまで私宅で監護されるのが普通でした。ところが、敗戦により、欧米の考え方に基づいて病院に入院させて治療と保護にあたることと定められたのです。この制度に合わせて、日本中で精神病院の建設ラッシュが起き、私も小矢部大家病院を開業しました。開業当時寝食を忘れて働いたのは事実ですが、制度変更という時代背景により、病院経営を軌道に乗せることができたのは間違いありません。その後も、精神衛生法から精神保健福祉法への転換にあわせて精神障害者のグループホームを開設したり、介護保険制度のスタートに合わせて介護老人保健施設を開設したりするなど、法制度や時流、需給バランスなどを見極めながら、小矢部大家病院を中心とする医療法人・啓愛会の規模拡大に成功させてもらったのです。

私はお金のない時代を経験したからこそ、病院の拡張や介護老人保健施設の開設など、これぞというタイミングで「ドン！」と思い切ってお金を使うことができたのかもしれません。小中学校の同級生はもちろん、医学部時代の同級生まで含めたとしても、私ほど経済的に成功した人はいないでしょう。そう考えると、「ケチイチ」と呼ばれて「なにくそ！」と思っていた時期があったからこそ、今はこうやって悠々自適の生活を送れているのかもしれません。

「心の健康」を診る仕事

私は精神科医ですが、大学に入学した当初は外科医に憧れていました。しかし、研修医としてアルバイトなどをするうちに、体の健康と同じように心の健康も大切なのだと意識するようになりました。それが、精神科医に興味を持つようになったきっかけだったと思います。

私が医師となるべく学んでいた時代は、戦後のドラスティックな体制変化に伴って精神衛生法が施行された時代でした。戦前・戦中の日本で精神に障害のある子どもが生まれると、それは「恥ずべきもの」として「存在しなかったこと」にされることが多かったと言われています。仮に家が裕福で、生きることができたとしても、彼らの多くは陽の当たる生活を送ることが叶いませんでした。江戸川乱歩や横溝正史の小説に登場するような、私宅内のいわゆる「座敷牢」などに監護されていたのです。監護されていたといえば聞こえがいいですが、要は監禁、軟禁といった状態です。

そんな、陽の当たらない生活を強いられていた精神障害者たちの人生を一変させたのが、戦後の精神衛生法です。精神障害者を病院に入院させて治療する方向へと方針が転換されたのです。これは、敗戦による外圧で欧米の精神衛生に関する知識が導入された、もしくは強制されたことに伴う大きな変化と言えるでしょう。この方針転換を受けて、当然全国各地に精神障害者の入院治療を行う病院が必要とされたことを受けて、私も精神科の病院を建てようと考えたわけです。

当時はそのような社会環境であったがゆえに精神科医の役割が高かったのですが、現在はまた違う理由によって精神科医の役割が高まっていると感じています。現代はストレス社会とも言われます。そのため、うつやノイローゼ、自律神経失調症など心の健康を残してしまう人が増えていると言われています。それら心の病を診る医師として、今再び精神科医の役割が大きくなっているような気がします。

つい先日発表された2020年度の自殺者数は、速報値ではありますが19年の確定値より750人（3・7％）多い2万919人となったそうです。自殺者の増減は景気の動向など社会環境による影響が大きく、リーマン・ショック後に増加して以来、この10年ほどは減少が続いていました。ところが、昨年度は増加へと転じたのです。これは、私たちの生活を一変させた新型コロナウイルスの感染の広がりによるところが大きいと考えられます。職を失ったり、大切な人と会えなくなったりなどして自殺してしまう人が増えています。自殺までいかなくても、ノイローゼになったり、うつ病になったり、心の健康を損なう人が増え続けているのではないでしょうか。皆さんもよくご存じだと思いますが、俳優さんや女優さんなど、有名人の自殺も相次ぎましたよね。

つまり、人間はストレスが強くなると、そこからの逃げ道のひとつとして「死」を意識してしまうものなのです。実際に、自殺者数を見ると多少の増減はあるものの、毎年2～3万人で推移しています。これは実は、交通事故による死亡者数の10倍にものぼるのです。

精神科医・心理学者として知られるジークムント・フロイトは「有機体の内部には常に無機物へと分解していこうとする本能がある（あらゆる生命の目標は死である）」という言葉を残しています。また、社会学者のエミール・デュルケームは「個人の行動は集団社会（社会的統合力）の強さに反比例して増減する」と述べています。

私は戦時中に少年時代を過ごしました。常に死と隣り合わせで、金も物も食料もない戦時中は、心身ともに今よりはるかに過酷だったと思います。しかし、自殺してしまったり、ノイローゼになってしまったりする人はそれほど多くありませんでした。この違いはいったいどこにあるのでしょう？

その原因のひとつが、日本人の多くが目標や使命感、いわば心棒とでもいうべき自分の中に一本通った支えを失っていることにあるのではないかと感じています。戦時中の私は小学生でしたが、勉強することはもちろん、生きることそのものが国のため、国民のためといったムードが充満していました。周りにいる大人たちはもちろん、子どもたちもしっかりとした目標や使命感を抱いていたように感じます。現代を生きる日本人は、どこかでそのような使命感や目標を見失ってしまったのではないでしょうか？

恍惚としながらも人生は続く

有吉佐和子さんの『恍惚の人』という書籍が刊行されてベストセラーとなったのは１９７２年のこと。認知症の進行した老人と息子家族との触れ合い、特に日常のなかでの嫁との交流を温かいまなざしで描いています。映画やドラマ、舞台などでもたびたび取り上げられている名作です。

高齢化が進むなかで、もはや認知症の問題は避けては通れないものとなりつつあります。特に、団塊の世代が75歳になる２０２５年には、高齢者のおよそ１／５、実に７００万人もの人たちが認知症になると考えられているのです。

しかし私は、認知症になることがすなわち絶望ではないと考えています。私が設立した小矢部大家病院を中心とする医療法人・啓愛会には「ゆうゆうハウス」という介護老人保健施設があります。そして、これまでに多くのお年寄りたちの介護を行ってきました。そんななかで感じるのは、認知症といっても突然全てのことができなくなるというわけではないということです。特に、ＭＣＩ（Mild Cognitive Impairment）と呼ばれる軽度認知障害の人たちは、もの忘れをしたり、理解力が落ちたりしても、滞りなく日常生活を送ることができます。いわば、健常でもないけれど、認知症でもない、という状態なのです。

私から見れば、彼らはそれなりに日々を楽しく過ごしているように感じられます。高齢になれば、若い頃よりも体が思うように動かなくなるのは、認知症の人だけに限ったことではありません。

ただ、このような軽度認知障害の特徴として、勘違いや思い込みを主張してしまうという傾向があります。そして、周囲の人たちから間違いであることを指摘されると、頑固に反抗し、時に怒り出したり、暴れ出したりすることもあるのです。しかし、怒りだす対象がなくなればおさまるわけですから、孤独生活を甘受して安住できるのであれば、それも一つの生き方なのかもしれません。現在の介護支援はそういった在宅や孤独な生活も見守らざるを得ない方向に進んでいます。私もそろそろいい年ですから、いつ認知症が始まってもおかしくないといえるでしょう。

「ボケたんじゃないか？」
「耄碌《もうろく》したんじゃないか？」

私は最近、子どもなど周りの人たちから、そう言われるようになってからが本当の人生なのかもしれない、と感じるようになりました。なぜなら、ちょっと耄碌《もうろく》したくらいからのほうが、あまり成果などを気にすることなく、あるがままを受け入れて残る人生を楽しめるような気がするからです。死は誰にでもいつか必ず訪れるものであり、死ぬことは決して怖くありません。現実には認知症が進み、恍惚状態になり、ありがたく成仏する人たちもたくさんいらっしゃいます。これも、ありがたい自然の摂理の一つなんでしょう。しかし、残りの人生をあるがままに受け入れて生きていくうえで寝たきりになってしまってはつまらない。体や精神を鍛えて、できるだけ長く健康でいたいと思います。

闘病生活を続ける妻へ

私が妻の紀子と結婚したのは、大学院時代の昭和38年のことでした。池田勇人首相が打ち出した国民所得倍増計画のおかげで、まるで倍々ゲームのように給料が上がっていく時代でしたから、医師としてのアルバイト代でテレビや冷蔵庫を買うことができた時は嬉しかったのを覚えていますね。将来医者になることは約束されているとはいえ、当時はまだ学生でもあり、苦労をかけたと思います。

そんな妻のことを考えると忘れられないのが、日本でちょうど介護保険制度がスタートするタイミングだったので、視察と見学、勉強のために訪問したジュゼッペ・ヴェルディが建てたイタリアの老人介護施設のことです。オペラで圧倒的な人気を得たヴェルディは、得た資産をもとに慈善事業や社会貢献活動などを行いました。そのひとつが、ミラノに設立した音楽家たちのための老人介護施設「音楽家のための憩いの家」です。ヴェルディは、この施設を建てるにあたって、「養老院」「収容所」といった単語を使うことを断固として拒否したと言われています。「ここは収容所ではない。入居する人々は皆私の客人である」というヴェルディの強いこだわりから、「音楽家のための憩いの家」と名付けられました。

３０００平米ほどの敷地に建つこの「憩いの家」は、設立から１２０年ほど経っているにも関わらず、細部にまで趣向を凝らした美しい姿のまま。ヴェルディの死後作品の著作権が切れるまでの50年間はその収益で運営され、著作権が切れて以後は多くの篤志家による寄付によって運営されているのだとか。そんな施設の中庭には、ヴェルディ夫妻の墓が並んで建てられています。この墓を見た時に、なんともいえない感銘を受けました。

実は、私の妻はパーキンソン病を患っています。発症は今から20年ほど前のこと。途中までは持ち前の強い根性で市長の妻として毅然としていろいろと仕事をこなしてくれていました。そのうち、頭はしっかりしていますが、体の不自由を自覚するようになり「私はもうあなたのサポートは無理なのかもしれない」とめずらしく弱音を吐きました。私は少なからずショックを受けましたが、同時に今の自分があるのは全て妻のおかげだと感謝の念が沸き起こり、涙が止まりませんでした。

小矢部大家病院には新築した病棟がありますからそちらへ入院させることもできますが、娘たちやヘルパーさん、デイケアのスタッフさんたちの協力を得ながら自宅で看病を続けています。ローソクの火がだんだん小さくなるように、妻の命の火も少しずつ小さくなっていっているように感じますが、最後の瞬間までできる限りの世話をして、最後はヴェルディのように、墓を２つ並べて一緒に入りたいですね。

病気を治すのは医者ではない？

私は、大学院を卒業して大学病院で働き始めてまもなく、自分で病院を建設しました。建設にあたっては母校である金沢大学医学部の旧校舎を購入して建て替えた部分もあります。当時は経済成長真っ只中の時代だったおかげで資金は潤沢にあり、病院経営も順調そのものでした。

戦争という過酷な時代を経験した私が医師になった最大の理由は、「病気を治す良い医者ははやる」→「忙しくなる」→「裕福になれる」という期待からでした。実際に、日本が成長へと突き進んでいく時代でしたから、病院経営そのものはとても順調でした。しかし、医師として患者と接するだけでなく、掃除から小間使い、看護師まで、あらゆる仕事をこなさなければ回っていかないという毎日でした。

忙しいといえば、面白いエピソードがあります。私の病院は自宅と隣接する場所にあり、早朝から夜中まで働きづめの毎日でした。そんなある日、自宅に泥棒が入ったのです。分かっているだけで今までに二度泥棒に入られているのですが、いずれも仕事が忙しくてぐっすりと寝込んでいたため、朝起きるまで気づかなかったという体たらく。

一度目は座敷に飾ってあった日本刀が抜かれて広げられていた程度でしたが、二度目は自分と妻が寝ているベッドの枕元に金庫の中身がばらまかれていました。泥棒が目と鼻の先にいたにも関わらず眠り込んでいたのですから、よっぽど仕事が忙しく疲れ果てていたのでしょう。そう考えると、病院長時代はとにかく多忙で、人としてまともな生活を送れていたのかは疑問です。

医者というと、一般的には病気を治す人、という認識だと思います。しかし、私が20年間医師という仕事をして感じるのは、つくづく大変なハードワークだということ。最近のコロナ禍の中で医療関係者の過酷な仕事ぶりに触れることも多くなりました。しかし、これは何もコロナ禍に伴う特別なことというわけではありません。かけがえのない命を預かる仕事ですから、時間がきたからといって休むわけにはいきませんし、患者さんの容態が急変すれば夜中だろうが早朝だろうが駆けつけなければなりません。逆に言えば、そのくらいの責任感がなければ、医師という仕事は務まらないのです。

医師の多くはそのような生活を続けていますから、医師が必ずしもあらゆる病気を見抜き、患者さんを健康へと導けるというわけではないでしょう。「医者の不養生」という言葉もある通り、医者だからといって全ての病気を治せるというわけではないのです。

病気を治すのは医師の力だけではありません。確かに、外科的な治療には医師の力が不可欠です。しかし、人間がもともと備えている自然治癒力、いわば気力とでもいうべきものこそが大切なのだと感じます。一言で医者といっても、得意分野も技術も人それぞれ。

いろんな医師に相談し、自分に合った医師を見つけてほしいと思います。

「大人の発達障害」なんて言い訳だ

最近、なんとなく生きづらいと感じている大人たちが、よくよく調べてみると実は発達障害だった、といったケースが増えているそうです。一言で「発達障害」といっても、その内容は実に多種多彩。たとえば、「アスペルガー」などに代表される「ＡＳＤ（自閉症スペクトラム障害）」から、「注意欠如・多動性障害」と言われる「ＡＤＨＤ」、それに「学習障害」などの「ＬＤ」などに細分化されて、それぞれに治療が行われています。

それぞれの特徴と違いを見ていくと、ＡＳＤは対人関係の構築や社会的なコミュニケーションを取ることが難しいという特徴があり、ＡＤＨＤは集中して何かに取り組むことが難しかったり、思いついたら衝動的に行動してしまったりします。一方の「ＬＤ」は、全般的な知的発達に遅れがないものの、「聞く」「話す」「読む」「書く」「計算・推論する」といった特定の能力に困難が生じるケースなのだとか。

昔はこのような細分化された定義がなく、知的障害や精神障害と混同されていたり、逆に知能が高いぶん病気とは認識されずに普通の人と同じ生活を強いられたりしていました。近年に研究が進んだことで、今まで「なんとなく人と違う」「なんとなく生きづらい」と感じてきた大人たちが、実は「発達障害」という「病気」だったと判明しているのだそうです。

しかし、私はこの「大人の発達障害」というものの定義には少なからず誤解があると感じています。私にも記憶がありますが、大学院などで研究に携わっていると、目の前に存在しているものをついつい分類して認識したくなるものです。

たとえばこのような「発達障害」の場合、多少の生きづらさを感じながら生きてきたとしても、最終的には成長して大人になり、社会生活を送ることができているという人がほとんどです。つまりこれはいわゆる知的障害や精神障害などとは異なる症状であることに異論はないでしょう。とはいえ、それらをことさらに「病気」として分類する必要があるのでしょうか。「人と違う」「生きづらい」のは、何も発達障害の人たちだけに限ったことではないだろうと私は感じます。私たちは誰でも「人と違う」ものですし、仕事や対人関係などの面で「理解されない」「生きづらい」と感じることも少なくありません。つまりそれは、多かれ少なかれ人それぞれ異なる「傾向」や「癖」であり「性格」といったものなのではないかと思うのです。

それをわざわざ「発達障害」と定義してしまうのは、単なる学者の趣味か精神科医の患者の裾野を広げるための方策、あるいは甘やかしのような気がしてなりません。軍部によるクーデターが勃発したミャンマーをはじめ、内戦が続くアフリカの国々や中国による弾圧が続く新疆ウイグル自治区など、世の中には、もっと厳しい環境に直面している人もたくさんいます。その点、日本はとても平和です。大人なら多少の生きづらさくらいは当然のことと覚悟して、もっと前向きに、たくましく、自分の人生を楽しんでほしいと感じます。

生きるなら健康でいたい

私は現在86歳ですが、まだまだ頗《すこぶ》る元気に日々を楽しんでいます。とはいえ、死というものがそれほど遠くない未来にやってくるのは間違いないでしょう。自分というものがこの世から存在しなくなるのはやはり怖いことです。しかし、たとえば認知症によって自分が自分ではなくなってでも生き続けたいかというとそうでもありません。また、足腰が弱って寝たきりになった状態で生き続けたいとも思いません。私は頭がハッキリとしていて、自分の意志で体を動かすことができる間だけ生きていたいと思います。年がいってからでは取り返しできません。そのために私はいくつか守っていることがあります。

●三度の食事を大切にすること（ただし、脂肪やコレステロールは抑える）
●耐えること（環境の変化などストレスに耐え自分を見失わないで我慢して順応する）
●信じること（死というのは一回限りで、毎日を志と信念を持って生きてさえいれば、人生は元気に全うできると信じる）

今、日本中で多くの人が誰かの手に頼らなければ生きられない、いわゆる寝たきりの状態で過ごしています。もちろん、私が運営している病院や施設も例外ではありません。自分の意志で体を動かせず、目もうつろ。それでも、話しかけると反応することもあり、確かに生きているのだな、とも感じます。確かに、本人ではなく家族からすれば、たとえどのような状態であっても生きていてほしい、と思うのが人情でしょう。その気持ちはとてもよく分かります。

しかし、私はそのような状態になってまで生きたいとは思いません。上記三つのことを守りつつ、なるべく普段から運動などで体を動かして、できるだけ家族に迷惑をかけないように、健康長寿を続けたいと思います。

気晴らしが必要だ

この原稿を書いている２０２１年、日本はもちろん世界中で新型コロナウイルスが猛威を振るっています。それにともなって人口の多い都市部には緊急事態宣言が発令され、不要不急の外出の自粛が要請されるという、未だかつて私たち日本人が経験したことのない事態が続いています。さらに、新型コロナウイルスの蔓延を防ぐための特別措置法が制定され、休業や営業自粛に従わなかったり、入院勧告に従わなかったりした場合には罰則が与えられることになりました。

　新型コロナウイルスは、特に高齢者が感染すると重篤化する傾向が強いため、私の近所に暮らす高齢者たちも皆さんとても気を付けています。町内会で出会った人に話を聞くと、皆さん必要最小限の外出にとどめ、ほとんど家に閉じこもっている状態なのだとか。そのため、ウイルス感染のリスクは抑えることができたとしても「頭がぼんやりしていて認知症が進行しているのではないか」とか「酒を飲み過ぎてアルコール中毒になってしまうのではないか」などの不安があると言います。認知症やアルコール中毒とまではいかなくとも、イライラして悪酔いしたり、突然大声でわめいたり、怒鳴ったりとまるで人格が変わってしまったかのような人も少なくないそうです。

　特に高齢者は感染を避けるためには閉じこもることも仕方なく、かなりのストレスがかかるのは避けられません。このようなストレスは、身体にダメージを与えて心臓病などを引き起こしたり、心にもダメージを与えてうつ病や摂食障害などを引き起こしたりすることがあります。このようなストレスをどうやって解消するかというのは、現在の日本にとってとても大きな問題だと感じています。そして、社会的な対応も必要かもしれませんが、自分自身のセルフ・コントロールの対応が一番大切なんだと考えています。人間は顔が違うように人生観も違うのだから、それぞれの生き方や落としどころを考えていかなければいけないでしょう。コロナは人生を全うするための、一つの試練なのかもしれないと思わざるを得ません。

たとえば、禅の瞑想も有力な療法のひとつであるといえるでしょう。とにかく、ストレスに見合うぶんスカッとする気晴らしをすることが大切。私自身も含めて、ストレスを解消する方法を模索したいと思います。

書き溜めたメモに人生が詰まっている？

私は、大学卒業後の20年を医師・病院経営者として、その後の20年を小矢部市の市長として過ごしてきました。それは退屈する暇など一瞬たりともないほど多忙な40年間であり、それによって成し遂げたこと、作り上げたものなどには概ね満足しています。幸いなことに大きな失敗をすることもなく、その時々に定めた目標を一つひとつクリアするという順調な人生を歩んできました。そのおかげで、記念日などに何かをするなど、家庭を顧みてこなかったことは反省しています。また、ジンクスなどにもとらわれることなく、自由気ままに生きてきたと自負しています。

しかし、男たるもの、やはり世の中にあるより多くのものを「自分のものにしたい」「支配したい」「もっと大きな仕事をしたい」という感情があるのでしょう。私も、医師だけでは満足できず、病院経営者となっても満足できず、市長になっても満足することはできませんでした。まだまだ、もっと何かしたい、何かできることがあるはずだ、と感じてしまうのです。

しかし、年齢には勝てませんから、政治の世界から引退し、病院経営も娘に譲ることにしました。ところがいざそうなると、もう毎日が退屈で仕方ありません。自宅に隣接する倉庫を日曜大工で作ったりもしていますが、なかなかそれだけでは面白くない。毎朝倉庫へ出向いて30分ほどゴルフスイングの練習をしていますが、それも習慣のようなもの。そこで、これまでに書き溜めた膨大なメモを整理して、文章にまとめてみたいと思うようになりました。何しろ、人生の節目節目に書き溜めたものですから、その時々の私の考え、興味、意識、そして課題、答えなどが詰まっています。うまく文章にまとまれば、皆さんにも何か伝わるものがあることでしょう。

私もいい年齢ですから、そろそろ退屈というものを受け入れて、慣れていかなければならないのかもしれません。しかし、それなら、いやいずれはそのような退屈も受け入れなければならないからこそ、やはり私がこの世に生きた確かな証を残しておきたいという欲張った気分もあります。この本を記すことが、私という人間が生きた証となり、この戯言《たわごと》のひとつでも若い人たちの心に響いてくれたら幸いです。

生まれ故郷の街に想うこと

私は病院経営が軌道に乗って自分なりの役割を果たしたと感じられた時に、次のステージとして政治の世界へと飛び込みました。それまでに政治に携わった経験などありませんし、家族に政治家がいるわけでもありません。しかし、当時はいわゆるバブルと呼ばれる好景気の時代で、税金など公共の予算を使って施設を造ったり、道路を造ったりなど、さまざまな形で地域に貢献できることはとても魅力的だと感じたのです。

小矢部市は富山県の西部にある山間の町で、江戸時代には加賀百万石で知られる加賀藩の領地でした。地理的には富山と金沢の境界線に近く、北陸道の要所・宿場町として栄えました。現在は、鉄道や高速道路などの交通インフラが充実していることから、大手企業の工場なども数多く進出しています。また、休日ともなれば大手のアウトレットモールが大いににぎわうほか、東京・赤坂の旧霊南坂教会や迎賓館を模した津沢こども園、東京大学やオックスフォード大学の寮などを模した大谷中学校、スイスのキャッスル・オブ・スピリット、英ビッグベンなどを模した石動中学校など、ヨーロッパの有名建築を模して建てられた保育所や学校などが立ち並ぶ「メルヘンの街」としても観光客の人気を集めています。

小矢部という街は富山の田舎町ですが、芸術や文化・文芸などの活動は比較的活発だと感じます。小矢部市の美術展覧会は市制発足の翌年からスタートし、現在まで続けられています。また毎年、文化の日を中心に小矢部市芸術祭を行っています。この芸術祭は、市内の文化団体がさまざまな活動成果を発表する場であり、市民がそれらの作品を鑑賞する場ですから、市民一人ひとりの創造への興味・関心につながってほしいという思いがあります。

それら、小矢部市の文化・芸術の起点となるのはやはりクロスランドおやべです。平成８（１９９６）年には富山県内各所で「国民文化祭とやま'96」が開催され、小矢部市では「ＯＹＡＢＥ点想曼荼羅　いのちとくらし～とやまマンダラ大絵巻」を繰り広げました。これは、小矢部市や砺波市などの歴史的な生活文化、風俗などを軸としつつ、現代の芸術文化を交錯させた大イベント。クロスランドおやべのメインホールで「創作ファッションショー」を行ったほか、周辺の砺波市なども巻き込んで、一円の集落などを巡る「となみ野お祭り一揆」なども行いました。

立派な仕事を成し遂げて、富と名声を得て生まれ故郷に凱旋することを「故郷に錦を飾る」と言います。特に昔の日本人は、立身出世をして故郷に恩返しをする、といった意識が強く、「故郷に錦を飾る」ことはとても誇らしく、価値のあることでした。そして、そういう意味では、私は立派に錦を飾ることができたと自負しています。

小矢部市という街は田舎です。近隣の人たちがお互いの暮らしぶり、安否に関心を持っているので、こざかしいと感じられてしまう面もありますが、そのぶん、年を取っても近隣の人たちが見守ってくれているので安心して暮らすことができます。都会とは異なり、お互いがお互いのことを見知っているので、それがささやかな生きる楽しみにもつながっているのかもしれません。残念ながら私にとっては退屈以外に感じられることはありませんが……。

不安を感じたら、セロトニンを増やそう

私たちは、日々目の前に現れる選択肢の中から、どれかを選んで行動しています。何かを決断するには勇気が要りますし、実行するには体力も必要です。特に、国の行方を左右する政治の世界における決断・実行のプレッシャーは、想像もつかないほど大きなものといえるでしょう。その最たるものが国政でしょう。国の行方を決め、国民の生活を守るという総理大臣の仕事はとても誇らしく、やりがいのある仕事である反面、とてつもない不安との闘いなのだと感じます。

安倍晋三前総理大臣の女房役にして、牛若丸にとっての弁慶のような強力なボディーガードを務めた菅義偉前官房長官は、高い支持率で政権をスタートさせました。しかし、1年経ってもめどが立たない新型コロナウイルス感染症対策と、それにともなう外出自粛によって国民のいらだちが高まり、政権への不平・不満を耳にすることが増えました。こういう非常事態の時には、何をしても一定の批判はあるものでしょう。何かを決めて実行

する、ということにはとてつもない胆力を要するもので、批判を受ける菅総理の日から生気が失われつつあるような気がしてなりません。この本が出版される頃に菅政権が続いているかどうかは分かりませんが、志半ばで交代を余儀なくされた安倍前総理大臣の無念を晴らすためにも、菅総理にはがんばってほしいものだと思います。

　時の権力者たちが国の行く末を決めるにあたっては、並々ならぬ精神力が必要だったのは、昔も今も変わりません。平安時代の日本では、そんな政治家の決断を陰陽師がサポートしていました。陰陽師はもともと朝廷における役職のひとつで、占いなどを担当する技官でした。ところが、やがて時の権力者たちに重用され、為政者たちが何かを決断する際に真っ先に相談する精神的な支柱となっていきます。たとえば、陰陽師と結託した藤原時平がライバルの菅原道真を太宰府へ流刑とするなど、政府の要職の人事などにも大きく関わっていくことになるのです。このような例は、陰陽師以外にも神官や僧などに数多くみられます。これらはある意味直接的な対立を避けるためのガス抜きのような、洗練された仕組みだったのかもしれません。

しかし、私たち一人ひとりが何かを決断する際に、陰陽師に頼るわけにはいきません。自分だけで決めるとなると、「本当にこれでいいのか？」「他の選択肢のほうが良いのではないか？」などと考えて不安になってしまうかもしれません。そんな時こそ、私たちはもっと自分自身の決断に自信を持つべきだと思います。私たちが経験や知識をよりどころとして積み上げてきた判断は、それほど悪いものではないはずだからです。それでももし不安が払拭できないのであれば、不安を抑える方法を考えるというのも手です。

人間は脳内物質の一つであるセロトニンがきちんと分泌されていると不安を抑えられます。ですから、不安を感じる時には、なるべく多くのセロトニンを分泌させるようにすればいいのです。セロトニンの分泌を促す方法はいくつかあり、日光を浴びる、深呼吸をして腹式呼吸をする、ウォーキングなどの運動をする、きちんと食事を摂る、といったことが大切。誰でも、何かを決断したり、新たな何かを始めたり、あるいは逆に止めたりすることには少なからず不安を感じるものです。しかし、できるだけ自分自身の決断や判断を信じ、セロトニンを増やす努力をしながら、毎日を元気に過ごすように心がけましょう。

あるがままに生きる

新型コロナウイルスの蔓延《まんえん》を受けて、２０２０年春の緊急事態宣言では全ての学校が休校になったほか、百貨店、映画館、スポーツジムなども休業を余儀なくされました。まさに、人と会って会話や食事を楽しむことはおろか、家から出ることすらはばかられることになってしまうという、今までに経験したことのない非常事態です。夏が過ぎても新型コロナウイルスの猛威は衰えることなく、今やマスクに手指の消毒、在宅勤務やオンライン会議など、人と会わない、面と向かって話をしない、食事をしない、という新たな日常が始まりました。政府や都道府県の首長からは、いわゆるニューノーマルを心がけるようにというお達しが日々繰り返されているのです。

　そんな新たな日常に関して、さまざまな弊害が起こりつつあるようです。たとえば、出社せずにリモートワークになってしまった新入社員は、先輩の仕事のやり方などを学ぶこともできず、成果が出せないだけでなく自信を失いつつあると言います。また、新たな希望を胸に大学に入学したにも関わらず、リモート授業ばかりで誰とも友達になれず、アルバイトで収入を得ることもできず、退学という道を選ぶ大学生もいるようです。

私たちは古来、一堂に会し、一緒に何かをすることで人と人との絆を作り、社会や文化を築き上げてきました。たとえば、日本各地に残る祭りは、地域の皆が力を合わせて神輿を担いだり、山車を引き回したり、踊ったりすることで人と人、人と自然が一体となり、生きている実感や充実感を感じていたのです。そして、そのようなつながり、一体感こそが、一人ひとりの「生きる力」となっていたのだと思います。コロナ禍の中で人と人とのつながりが希薄になっていくことは、一人ひとりの生きる力を損なうことになるのではないかという危惧を感じています。そこで大切なのが、「ありのまま」を受け入れる、ということです。

不安神経症の治療法のひとつに「森田療法」という治療法があります。これは精神科医である森田正馬（もりたまさたけ）氏によって創始された独自の精神療法で、世界中の国々で実践されています。この「森田療法」を簡単に言えば、自分の「あるがまま」を受け入れるということです。

誰でも不安や恐怖を感じることはあります。その不安や恐怖に対して「こうあるべき」と考えたり、「こうあってはならない」とコントロールしようとしたりすると無理が生じ、かえって不安や恐怖にとらわれてしまうのです。「森田療法」では、不安や恐怖の感情を無理に排除しようとするのではなく、それらをそのまま受け入れるようにする。つまり、「こうあるべき」「こうあってはならない」といった考えから脱して、常に「あるがまま」の心でいられるようにすることを目指します。

先行きの見えないコロナ禍の中で、不安や恐怖が勝ってしまう瞬間は少なくありません。しかし、誰もが不安や恐怖を感じながら生きています。その不安や恐怖を無理に押さえつけるのではなく、不安や恐怖があって当然だと考えて現状をそのまま受け入れるように心がけてください。きっと明るい光が見えてくるはずです。

私の足跡①　小矢部大家病院

私が生きた証のひとつが小矢部大家病院です。金沢大学の大学院を卒業して精神科に入局した私は、多くの人たちの助けを借りながらわずか2年で自分の病院を開業しました。思い出のある金沢大学医学部の木造旧校舎を買い取って、それを移築した円形・2階建ての病院です。オープニングセレモニーには、当時の小矢部市長や県議、金沢大学の教授たちにも参列していただき、華々しい式典となったのを今も鮮明に覚えています。

当時は日本中に精神病院が建てられましたが、小

小矢部大家病院と自宅
手前の橋の辺りから奥の駐車場までが所有地である。

矢部大家病院もそのひとつといえるでしょう。以来、病院経営と患者さんの治療に専念するなかで、病院は拡張を続け、精神科だけでなく内科も併設。さらに、精神障害者のグループホームや介護老人保健施設など、グループは今も拡大を続けています。

現在は、病院長の職は娘に譲りましたが、元気でいられる間は、医師として何かしたいと思っています。これからの日本はさらなる高齢化社会となり、認知症などを患う高齢者も増えていくと考えられます。精神障害者や認知症の高齢者、双極性障害や発達障害などさまざまな問題、病気を抱えた人たちのために、チームで治療にあたっていきたいと考えています。

第2章　若者たちへ

老年期に至って思うこと

平成18（2006）年に小矢部市長を引退してからはや15年という時間が流れました。とはいえ、すでに私は老年期といえる年齢になってしまいました。そうなって感じるのは思うようにならない身体の衰え、病気になることへの恐怖、そして、何かをやろう、という気力の衰えです。

夜にベッドに入り、眠りにつく前のほんのわずかな時間などに、「もっと世界中旅行をしてみたかった」「やったことのない仕事に挑戦してみたかった」などという考えが頭をよぎります。しかし、もはやどうにもなりません。この本を手に取った、まだ若い皆さんは、元気な間にやれること、やりたいことの全てに、果敢にチャレンジしてほしいと思います。それこそが、人間という種に課せられた使命なのです。

政治家を引退してからの私は一市民として生き、世の中を見て考え続けてきました。そんななかで特に気になるのは、日本という国と、そこに生きる日本人という民族の未来です。見るということもなく、今の世の中を眺めていて感じるのは、便利で快適になったぶん、何かが失われてしまっているのではないか、という危惧です。

たとえば、戦後の日本では、ＧＨＱ（連合国軍総司令部）の占領政策に基づいて「天皇陛下のため」「国のため」という価値観や教育が大きく転換されました。それまで自分たちを支えてきた「戦争に勝つため」という考えは全否定され、「戦争は悪だ」とこれまでの価値観がひっくり返されたのです。そのため、若い夫婦たちの中には、自分たちが生きていくべき方向を見失ったり、子どもたちをどのように教育すればいいのか分からなくなったり、といったことも少なくなかったと聞きます。私は今の日本も、大きく価値観を変えなければならなかった終戦当時の日本に近いように感じてしまうのです。

ＩＴやＡＩの進化・普及にともなって、私たちの暮らしは便利で快適になりました。しかしその一方で、ＩＴやＡＩは将来的に私たち人間の仕事を奪うだろうと言われています。たとえば、車の自動運転です。前の車や障害物、人間などを感知して自動ブレーキをかける衝突安全機能からさらに発展して、車はどんどん自動運転の方向へと進みつつあります。

車が自動運転になれば、単純にトラックやバス、タクシーなど、車を運転する職業に就いていた人が職を失うことになるでしょう。ＩＴやＡＩによって奪われてしまう仕事は、数え上げていけばキリがありません。

私が若かった頃には、今日よりも明日、今年よりも来年のほうが高い収入を得て、贅沢《ぜいたく》な暮らしができるようになる、と信じられる世の中でした。しかし、そんな経済成長もバブル景気の崩壊とともに止まってしまいます。その後の失われた10年を経て、今の若者たちにとっては「経済成長って何？」という感覚だと聞いたことがあります。単に経済発展が止まって明るい明日を描けなくなったというだけでなく、これまで人間が行ってきた仕事まで奪われてしまったら、どうやって明るい未来を思い描けば良いのでしょうか。

この社会の変化は、経済から政治まであらゆるジャンルに及び、教育界においては一人ひとりの「考える力」を鍛える方向へと大きく変わっていくと言われています。この社会情勢の変化はもはや個人の努力でどうにかなるものではありません。社会全体、人類全体の問題としてとらえ、私たち一人ひとりの意識、態度、生き方を変えていく必要があります。たぶん、想像力や創造性といった力こそが必要になっていくのでしょう。日本という民族、日本という国が、そのような変化に立ち向かえる国であってほしいと思います。

大切なのは勉強だけじゃない

私は高校時代に相撲部のキャプテンとして活躍しました。相撲の良いところは、道具が何も必要ないことです。マワシ1本あれば、誰でも相撲を取ることができます。しかも、相撲部の練習場所は女子音楽部の前という好立地。半裸で練習していると常に女子学生たちの視線を感じ、時にキャーキャー言われたこともあります。やはり多感な時期ですから、恋をすることもあれば遊びたいと感じることだってあります。周りにはいろいろと楽しそうなことがありました。私はそれらの誘惑を振り切って、高校最後の1年間は勉強に集中しました。もちろん、周りを羨ましいと感じたり、悔しいと感じたりすることも少なくありません。しかし、「今に見ておれ！」という気持ちを持ち続け、明るい明日が来ると信じて根気よく努力を続けたのです。

今の世の中は、私の学生時代のような戦後の激動の時代ではありません。教科書や参考書などもきちんとあり、ネットにも多くの知見が掲載されています。もちろん、学びたい人は学校以外の塾や予備校などで学ぶことができます。しかし、だからこそ、これからの時代に勉強だけしていてはダメだと感じてしまいます。

最近の学生は真面目で勉強熱心、分からないことはスマホでサッと調べられるのでとても物知りなのだと聞いたことがあります。もちろん、基礎体力とでもいうべき学力は必要ですが、勉強よりもむしろ「やる気」「覇気」「行動力」「根性」「優しさ」「機転」といったもののほうが大切なように感じます。

たとえば、アメリカの大学では研究も大切ですが、研究費を稼いだり、学生を就職させたりする企業とのコネクションも重要です。勉強だけでなく、好奇心、行動力、したたかさやずる賢さなども鍛えてほしいと思います。

今の私の礎となった母の教え

私は、子ども時代に戦争に伴うケガや貧乏ゆえの病気などが蔓延していたことや、医者になれば金持ちになれるはずだ、と考えたことなどから医者になることを目指しました。そんな私の決心を、誰よりも強くサポートしてくれたのが母でした。試験にパスしたのは、高校時代から医者を目指した勉強を続けた私の努力に依るところが大きいといえます。しかし、戦後の貧しさの中で母が学費を工面してくれなければ、私が医者になることはできなかったでしょう。そういう意味では、今の私があるのは母のおかげなのです。

母が、私と弟に対して常々言って聞かせていたのが「男は敷居を跨《また》げば七人の敵あり」ということわざです。これは、「男は家から一歩外へ出れば、七人の敵がいる」ということで、社会に出て学ぶ、仕事をする、立身出世を目指す、ということには、常にたくさんの競争相手がついてまわり、妨害や敗北などがつきまとうといった内容です。母は特に高等教育を受けたわけでもない普通の女性でしたが、生きるうえで必要なさまざまなことを教えてくれました。「男は敷居を跨げば七人の敵あり」ということわざも、七人の敵に打ち勝って勝利をつかまなければならない、という心構えを教えてくれていたのです。

最近の学校は「個性を重視する」という名目で、勝ち負けや優劣をつけないようにするのだと聞いたことがあります。たとえば、徒競走などでも順位や勝敗をはっきりとつけず、あいまいなままにしておくこともあるのだとか。しかし、私は人間が人間である以上、常に勝者と敗者が存在すると思っています。誰かが勝てば誰かが負けるのは必然です。そんな中で、「負けたくない」「勝ちたい」と考えることは人間の生存本能とでもいうべきものだと思うのです。

もちろん、全てに勝ち続ける必要はありませんが、全てに敗北してもダメです。今の若い人たちにもぜひ、何でもいいので「これだけは誰にも負けない！」と胸を張って言えるような「何か」を身に付けてほしいと思います。

脳の成長は3歳で止まる？

人間は他の生物とは比較にならないほど脳が発達しています。重さでいえば1・2〜1・6キロ程度と、体重の約2％ほどに過ぎませんが脳は多くのエネルギーを消費します。人間が1日に消費するカロリーの20％にあたるということだから驚きです。

そんな人間の脳は3歳までにほぼ完成すると言われています。つまり、0〜3歳までの時間をどのように過ごすかということが、その後の人間の成長にとってとても大切なのだということです。脳科学においては、人間の脳内で情報を伝達するシナプスの数は生後12カ月頃にピークを迎えることが分かっています。そこから徐々に減少していき、成人する頃にはピーク時の2／3程度まで減少します。外界からの刺激がシナプスの減少に関係していることが分かっており、乳幼児期の環境が脳の機能、つまり能力や性格などに大きく関わってくると考えられているのです。

アップルの創業者であるスティーブ・ジョブズは、事情があって生まれてすぐに養子に出されて養父母のもとで育ちました。そのため、苦労や挫折、ストレスに悩まされて成長したのでしょう。

彼の強さは根性と忍耐力を維持すること。挑戦し続けられることでしたが、後に「禅」に傾倒したことなどから、人生が限られたものであることをよく理解していたのではないかと感じられます。

スティーブ・ジョブズのように、幼少期に親との触れ合いが少ないなどの強いストレスにさらされると、脳の成長が遅れる傾向があると考えられています。ただ、大人になると全く変わらないかというとそうでもなく、大人になってからも刺激に応じて成長し続ける部分があるので、いわゆる「脳トレ」などの生涯学習は重要といえます。

もしあなたに子どもが生まれたら、ぜひ3歳までにスキンシップも含めてたくさんの刺激を与え、脳のシナプスをできるだけたくさん残してあげるようにしてほしいと思います。

そういう、次世代を担う子どもたちが増えていくことで、日本という国の未来が明るくなっていくのだと信じています。

愛と性を、もっと大切にしてほしい

若者たちが「結婚したくない」と言い出したり、結婚しても子どもを作らなかったり、といったケースが増えて久しくなりました。若い人たちの中には「今まで異性と付き合ったことがない」という人も増えているのだとか。私が若い頃は、好きな人と一緒にいるためには結婚するのが当たり前で、それ以外の選択肢はありませんでした。そういう意味では、男女の付き合い方というものもずいぶん変化したのだと感じます。

私が若かった頃は、面と向かって自分の口で愛を告白するのが普通でした。それこそが男の大切な役割のひとつであり、その努力の結果として愛を手に入れてスキンシップを図ることができたのです。ところが、現代における愛の告白は指先で入力した言葉をモニター越しに見てもらうのが主流になりつつあるようです。老婆心ながら、そんな愛の告白では心が伝わるどころか、むしろ殺伐としていくのではないかと危惧しています。そう考えると、日本の少子高齢化傾向は、これからも続いてしまうのかもしれません。

これからの時代は、「男だから」とか「女だから」といった性別だけで区別する時代ではなくなるでしょう。性別にこだわることなく、それぞれが精一杯に自分の人生を生きるべきです。そんななかで少子化が進んでいるというのは、子どもを産む世代の人たちが「産みたくない」あるいは「産むことが難しい」と感じているということに他なりません。つまり、日本という国の子どもを取り巻く政策に対して「Ｎｏ」がつきつけられているのです。そのことを、政治家たちはもちろん、先輩である私たち高齢者世代も真剣に考えたほうがいいと思います。何しろ、今の日本がこのような状態になった原因の一端は私たちの世代にあるのですから。

結婚しない若者たちに業を煮やして、最近は地域に住む独身男女を集めて「婚活パーティー」のようなものを行う自治体も増えていると聞いたことがあります。これはいわば昔の「お見合い」のようなシステムでしょうか。最近は、いわゆるご近所付き合いが減って「お見合い」の話を持ってくる世話好きな人たちも減っていますから、行政などが主導してマッチングサービスを行うのは悪くない話といえるでしょう。

ひとつお願いしたいのは、高齢者たちのマッチングサービスも実施してほしい、ということです。シニアたちの中にはパートナーを失ったり、タイミングが悪くて結婚しなかったりして元気な独身者も少なくありません。老後の暮らしを充実させたり、不安を解消したりできるという意味でも、ぜひ若い人たちだけでなく「シニア婚活」も行っていただきたいと思います。

飽くなき探求心を持とう

まだまだ収束の兆しが見えていない新型コロナウイルス感染症ですが、希望がないわけではありません。英製薬大手のアストラゼネカ社をはじめ、米ファイザー社、米ジョンソンエンドジョンソン社などが次々に新型コロナウイルスのワクチンの開発に成功。アメリカやイギリス、ＥＵなどではワクチンの接種が進んでいます。日本でもできるだけ早期に認可を行い、医療従事者や感染すると重症化するリスクの高い高齢者に優先的にワクチン接種を行うということです。

通常、感染症予防を目的としたワクチンは感染を引き起こすウイルスなどの病原体を弱毒化・不活化して作られていました。病気の元となるウイルスを取り込んで抗体を作ることで感染を防ぐという仕組みです。しかし、病原体そのものから作られるワクチンには副作用など安全性に対する不安がつきまといます。また、開発・製造に多大な時間がかかるという点も大きな問題でした。

今回、新型コロナウイルスのワクチンがパンデミックからわずか1年程度で完成したのは、これらのワクチンが「遺伝子ワクチン」と言われるものだからです。遺伝子ワクチンにはウイルスベクターワクチン、DNAワクチン、メッセンジャーRNAワクチンがあり、今回の新型コロナウイルスのワクチンはメッセンジャーRNAワクチンです。その特徴は、遺伝子配列が解明されれば、そのワクチンは容易に設計できるという点にあります。そのため、従来のワクチンよりも短期間で開発できたのです。

これらのワクチンの効果はまだ不確定ではあるものの、世界中の英知を結集して新型コロナウイルスに立ち向かったひとつの成果といえるでしょう。実は、私は大学院時代に病理学を研究していて、ＲＮＡについても研究していました。私はもともと「病気やケガなどで苦しんでいる人を自分の手で治したい」と思っていましたから、病気の原因について研究する病理学などの基礎研究にはあまり興味もなく、疑問を抱いていました。しかし、それらの研究がこのような先進医療へとつながるのです。改めて、人間の飽くなき探求心というものはすごいものだと思います。

家族について

私たち夫婦は４人の子どもに恵まれましたが、残念ながら全員女の子でした。残念ながらというのは女性がダメというわけではなく、私の個人的な思いとしてやはり男子が欲しかったからです。私は子どもたちが生まれても仕事ばかりで、子育ては妻に任せっきりにしてしまいました。そのため、娘たちに「勉強しろ！」と命じた記憶はありませんし、特に何かやれ、何かになれ、と言ってきたつもりもありません。しかし、娘たちは私が取り組んでいる日々の仕事に触れるなかで自然と「医者になる」という道を選んでくれたのでしょう。４人とも医師として活躍しながら、幸せで温かな家庭を作ってくれています。

今から考えてみると、自分の子どもは女子で良かったのかもしれない、と感じられるようになりました。なぜなら、娘の子どもたち、つまり私の孫は男子が多く、彼らの顔を見るとどうしても「勉強しろ！」とか「もっと貪欲《どんよく》になれ！」と言ってしまいたくなるからです。彼らの暮らしぶりを見ていると、どうしても「苦労が足りない」「楽をしすぎている」「贅沢だ」と感じてしまう自分がいます。それはやはり、自分の子ども時代に置き換えて、自分が経験してきたような苦労を体験していない、甘っちょろい、と感じてしまうからだと思うのです。しかし、私と彼らとでは生きている時代が全く違うのですから、私と同じ苦労をすること自体不可能なことです。それに、彼らは彼らなりに、私の時代にはなかった苦労をしながら生きているのかもしれません。

もし、自分の子どもが男子だったら、それこそ自分と比較して「苦労が足りない！」

「貪欲になれ！」といったことを言い続けていたかもしれません。そんな子どもがまともに育ってくれて、温かい家庭を作れるかというと、そんなことはないかもしれないと感じるのです。そう考えると、賢くて優しい娘たちばかり4人で良かったなぁ、とつくづく感じてしまうのです。

母の信念が、私を医者にした

戦時中の食べるものすらない時代を経て、戦後になると一転してハイパーインフレが起こり、闇市ではでたらめな値段でモノが売買されるようになりました。モノがない時代から、モノがあっても金がない時代を経験し、お金に苦労をしない人生を送りたいと考えるようになりました。世の中のモノやお金の価値が急激に変化する社会の中で考えたのは、将来的にどのような仕事に就けば食いっぱぐれがないだろうか、ということです。

その結果、私は医者になると決めるのですが、忘れられないのは、私が医者になることを、私自身よりもむしろ母親の方が望んでいたのではないかというくらい、母が私に医者になることを強く勧めたのです。実際のところ、私と弟ふたりぶんの学費を工面するだけでも大変だったと思いますが、そんな苦労をおくびにも出さずに「医学部へ行け！」と、私たちの尻を叩いたのです。そのおかげで、私も弟もそれぞれ医者になりました。息子ふたりを医学部へ入学させたことで、母は周りの人たちから「あの時代によく息子たちを医者にしようと考えたね！」と言われたそうです。母なりに厳しい時代を経験するなかで、息子たちのことを真剣に考えてくれたのだろうと思います。

幸い、弟も医療関係の尽瘁《じんすい》により瑞宝中綬章を授かりました。私の旭日中綬章とあわせて、兄弟で中綬章を賜ったのです。

現代を生きる皆さんも、それぞれ目標を持っていることだろうと思います。私は「医者になる」という具体的な目標を持つことで、高校時代を有意義に過ごし、大学で医学の勉強をすることができました。皆さんも、日々具体的な目標を持って毎日を過ごしてほしいと思います。目標のない人生は迷うだけで前へ進むことができません。

私はかのクラーク博士の「Boys, be ambitious」という言葉が好きなのですが、とかく現代は大志を抱くのが難しいようにも感じます。そんな時代には「小志」でも良いと思うのです。何か目標を胸に、チャレンジする心を失わないでほしいと思います。

日本の教育について

令和２（２０２０）年は久しぶりに日本人のノーベル賞受賞者がゼロという結果になりました。ノーベル賞の中でも特に物理学賞や医学・生理学賞などの受賞対象となる研究や発明の多くは、私たちが目にしたり、触れたりするような製品やサービスとは直接関係のない基礎研究がほとんどです。最近は就職への不安などから理系の博士課程へと進学する学生が激減していて、大学などで基礎研究を行う優秀な人材が不足しているそうです。その一方で、どうしても研究などをしたいと考える優秀な日本の学生の中には、日本よりも大学での研究成果を認めてくれる企業が多いアメリカの大学などへ進学してしまう人も少なくないと聞いたことがあります。ただでさえ、国際的に見ると日本の大学の評価はとても低いといえます。大学での高度な研究をおろそかにするような状態を続けていると日本からどんどん優秀な頭脳が流出していってしまうことにもなりかねません。

最近の日本を見ていて感じるのは、ロックフェラーやフォードといった優秀なビジネスパーソンはともかく、ビル・ゲイツやスティーブ・ジョブズのようなイノベーションを起こせる技術者は出てこないだろうな、ということです。日本の大学も研究体制や予算など、もっと国益を追求する戦略的な方向へと転換するべきだと感じます。

実は、昔の日本人は決して世界に勝るとも劣らない優秀な人が多かったのをご存じでしょうか。たとえば、第二次世界大戦で連合国軍の艦隊を率いたレイモンド・スプルーアンスは、戦争が始まる前に日本を訪問し、東郷平八郎と出会ったことから日本人に対して敬愛の情を抱いていたとされています。そして、硫黄島を占領した際に投降を促したのですが、日本人たちはそれに応じず、ある者は餓死し、ある者は手りゅう弾で自決したのです。それを目の当たりにしたスプルーアンスは、戦後に全米各地で講演会を行い、若者たちに次のように檄《げき》を飛ばしたそうです。

アメリカの青年達よ。東洋には、すばらしい国がある。
それは日本だ。
日本には君達が想像もつかない立派な青年がいる。
ああいう青年がいたら、やがて日本は世界の盟主になるに違いない。
奮起しろ！

実際に、日本は戦後の焼け野原から見事に復活を遂げて、世界一の経済大国となりました。私たちはもっと日本人であることを誇りに、生きていくべきなのだと思います。

日本の財政は大丈夫か？

史上最長の在任期間を記録した安倍政権。その安定的な人気によって、安倍政権は大胆な金融緩和策と世界的な総合スポーツ大会を始めとするさまざまな景気浮揚策で経済成長を目指す「アベノミクス」を推進しました。安倍政権では令和2（2020）年にプライマリーバランスをプラスに転換することを目指していましたが、なかなか景気の好況感が感じられないなかで25年までの延長を決めていました。ところが、突然の安倍首相の退任と世界的な新型コロナウイルスの蔓延にともなって財政の健全化を目指す日本経済の行方はまさに霧の中。もはや誰にも、今後どうなるのかは分からなくなってしまいました。

新型コロナウイルスへの対策が膨らんだため、２０２１年度の国債発行額は過去最大となる２３６兆円となることが決定しました。これは当初の予定の１・５倍にのぼり、国内総生産の４割に達するという異例の規模となります。確かに、目下の新型コロナウイルスの蔓延は休業や営業自粛、移動の自粛など自助だけではどうにもならない部分も多いのが事実。自粛などによってマイナスになった分は、公助で補う必要があるでしょう。世界中の人類の英知を結集すれば、新型コロナウイルスにも打ち勝つことができるでしょう。したがって、財政面での新型コロナウイルス対策は一時的なものといえますが、今後の財政状況については大きな不安が残ります。

私の最大の懸念は、最近は貧富の差が広がりつつあるように感じられることです。実際に、年金だけでは老後の生活を確保できない人も少なくないのだという話を聞いたことがあります。私は政治家として20年活動してきました。その間にある程度のことはやり尽くしたと感じたことと妻の病気のこともあって引退を決めましたが、今の世の中を見ているともう少し何かできるのではないか、とも感じてしまいます。真っ先に思うのは、収入格差をなくし、貧富の差をなくすこと。そして、都市部と地方の格差もなくしたい。もし私がもう少し若かったら、日本という国から、あらゆる格差をなくす。そんな目標を掲げて、国政に参加してみたいと思います。

生涯忘れられない感動

私は、大学や大学院の受験、病院経営など、自分で言うのも何ですが順風満帆な人生を歩んできました。病院の経営は忙しくて楽しく、苦労もありましたが充実感もありました。しかし、医師としてだけでなく、別の形でさらなる貢献ができないか、と考えるようになりました。それで、昔から憧れを感じていた政治の世界で、人の役に立つことをしたい、と考えるようになったのです。政治というと医業とは全く別のことと感じられるかもしれませんが、実は近い部分もあります。医療が地域の人々の健康に寄与するのに対して、政治はインフラ整備や施設の建設といった公共事業を通じて地域の人々がより快適に、便利に暮らせるようにするというもの。どちらも、地域の人々に貢献するという意味では近い部分があるというわけです。

しかし、政治の世界へチャレンジしたことで、私は人生で初めてといってもいいくらいの挫折と敗北を味わいます。それが、昭和53（１９７８）年の富山県議会選挙への出馬です。関係団体に根回ししたり、学校ＰＴＡにも寄付を行ったりなどさまざまな手を打ちました。当然、当選する自信はあったのですが、いざふたを開けてみるとわずか１５０票差で敗れるという残念な結果に終わってしまいました。

選挙というと、皆さんはどんな印象を持たれるでしょうか。選挙カーから大声で何かをわめいたり、駅前などで演説をしたり、地域の集会に顔を出して挨拶をしたり、といったものかもしれません。選挙を体験した私から見れば、選挙というのは異様な高揚感に包まれた熾烈《しれつ》なゲームです。平和な日常が突然戦争状態へと突入し、それまで仲間だった人がいきなり敵になる、ということもあります。しかも、そのゲームで賭けるのは自分自身。いわば、自分のそれまでの人生に対して「Ｙｅｓ」か「Ｎｏ」かを突きつけられるわけですから、肉体的にも精神的にもとてもハードです。この富山県議会への挑戦は、私にとって人生で初めてともいえる明らかな失敗、敗戦ですから、とても苦い経験となりました。

それでまた一市民に戻り、医業とゴルフに明け暮れて過ごしていたところ、小矢部市の市長を務められていた松本市長が急逝されました。大学時代の友人たちの中には、「また負けるんじゃないのか？」と懐疑的な目で見る人も少なくありませんでしたが、私は市長選挙に立候補することを決めました。

とはいえ、選挙までわずか2カ月ほどしか時間がありません。支援者たちに連絡をしたり、ライオンズクラブ内で相談したり、などしつつ、いわゆるどぶ板の選挙活動を繰り広げたのです。選挙直前の総決起集会には、松本前市長の奥様も登壇して励ましていただきました。これはある意味、志半ばにして亡くなられた前市長の弔い合戦としてのお墨付きをいただいたようなもの。絶好調のまま選挙に突入し、３０００票という大差で圧勝することができました。私ももちろん嬉しかったのですが、後援会のメンバーなども大喜びしてくれて、生涯忘れることのできない瞬間ですね。

子どもの頃の遊び

最近、孫たちの様子を見ていると、遊びといえばゲームかスマホ。背中を丸めて液晶画面を見つめています。もちろん、そういった最新のデバイスに触れる、体感するということも大切なことだとは思います。しかし、せっかくの子ども時代なのですから、もっと身体を動かし、五感をフル活用させて遊んでほしいとも感じます。

私が小学校に上がる頃から戦争がどんどん激化し、それと同時に物がなくなっていき、食料も不足していきました。そのため、学校の校庭は私たち自身の手で耕して芋を育て、食料の足しにしていました。そんな時代ですから、遊びといえば川で魚を獲ったり、山で栗や柿を取ったり。とにかく四六時中お腹をすかせていたので、遊びにも食料が絡んでいたように感じます。

戦争ごっこをしたり、けんかなどをすることもありましたが、それでもルールは明確で、何よりフェアを心がけていました。当時は、たとえ反社会の世界でも刃物で刺す時には腕や太ももなど、命に関わらない場所を選ぶという暗黙のルールがあったのです。子どもながら、そんな世の中の空気のようなものを感じながら、できるだけフェアに遊んでいたように感じます。

スマホなどのゲームからは、そんな社会や時代の空気感は感じられないでしょう。もっと世の中を見て、五感をフル活用しながら成長していってほしいものだと思います。

小矢部市の子どもたちの「ダディ」として

私がたとえどれだけ小矢部市を良くしたいと考えていたとしても、その私の思いだけで市長の仕事を続けることはできません。それでも5期20年もの長きにわたって市長を続けられたのは、ひとえに市民の皆さんのおかげだと思っています。

そんな市長の仕事を通じて、わが小矢部市の未来を担う人材が育ってほしいという思いを強くしました。現在、日本の国力を高める手段のひとつとして、教育改革が進められています。文部科学省の学習指導要領は、従来のような知識詰め込み型の教育ではなく、自分で考えて行動したり、自分の言葉で説明できる力を育てることを掲げています。小矢部市でも未来を担う子どもたちの教育には力を入れており、「知・徳・体」の調和のとれた人間性豊かな児童生徒の育成、を基本としつつ、公立の小中学校がそれぞれ特色のある教育方針を打ち出しています。

私も、未来を担う力のある人材に育ってほしいと思っていますが、思っているだけでは何も始まりません。そこで、少しでも具体的な活動へとつなげるために、微力ながら小矢部市に１０００万円の寄付を行いました。この寄付の使い道には「未来を担う人材育成につなげるために、児童向けの図書の購入費に充ててもらいたい」という条件をつけさせていただきました。

その１０００万円は、「小矢部市民図書館おとぎの館図書室」で、子どもたちに読み継がれる本の購入に充てていただいたようです。私が家族から「ダディ」と呼ばれていることから、この寄付で購入された本は「ダディ文庫」と名付けられているのだそうです。私が市長を退任してから早くも15年という時間が過ぎました。私が市長であったことが忘れられてしまうのも、それほど遠くない未来のことだと思います。しかし、私が寄付したお金で購入していただいた「ダディ文庫」の本は、私が市長であったことを知らない子どもたちにも読み継がれていくことでしょう。いつの日か、そんな子どもたちの中から、世の中を変える人材が出てきてくれることを楽しみにしています。

お互いに助け合い、支え合える日本人

高い支持率を誇った安倍内閣の後を継いで、史上まれに見る高い支持率でスタートした菅内閣。ところが、冬を迎えて増加の一途をたどる新型コロナウイルス対策で国民の不満が高まっているようです。

２０２１年になってすぐに都市部限定で１カ月間の緊急事態宣言を発出したものの、後からエリアが追加される、休業補償などが明示されない、そしておそらく一部エリアでは緊急事態宣言の延長を余儀なくされそうなど、国民が感じている行き場のない不満や不安

が政権に向かってしまっているのです。一部マスコミなどでは「医療崩壊にならないように医療体制を拡充する手を打てたはずだ」「冬になれば感染者が増加することは分かっていたはずなのに感染そのものを抑える手立てを打てなかったのか」などの批判もあり、国民の間でも「対応が遅い」といった不満が渦巻きつつあるようです。しかし、それでもデモや暴動が起こったりすることはありません。

世界中を席巻している新型コロナウイルスの感染を抑えるためには、人々の移動や集会などを禁止して、できるだけ人と人が接触しないようにすることが大切だということが分かっています。そのため、各国では感染を最小限に抑えるべく、ロックダウン（都市封鎖）などを行っています。しかし、オランダやイタリア、フランスなどでは、国民の行動を制限することに反対するデモが行われました。

ところが、私たちの国・日本では、今のところ大規模なデモや暴動などは発生していません。人々は粛々と外出を控えて家の中に閉じこもり、リモートワークなどに切り替えています。個人の権利意識が低いという見方もあるかもしれませんが、私はそうではなく、日本人の民度が高いのだと感じます。たとえば、東日本大震災のような大災害においても、日本人は暴動や略奪などを起こすことなく、お互いに助け合って難を逃れました。その様子を見て、やはり日本人は優秀な民族なのだなぁと感じたものです。今の若い人たちも、ぜひこの日本人の美徳をしっかりと意識して、受け継いでいってほしいものだと思います。

女性たちへ

私は子どもの頃、戦時下の儒教的な軍国主義教育を受けて育ちました。その中で、男女同権という言葉は見たことがありません。家とは父を頂点とする家父長制に基づいて成立するもので、女性はあくまでも男性をサポートするものだったのです。今、そんなことを主張しようものなら、男性からも女性からも総攻撃を受けることでしょう。

現実問題として、すでに世の中では女性たちが活躍の場を広げています。アメリカの第46代大統領となったジョー・バイデン氏は、ジャマイカ出身の父とインド出身の母を持つカマラ・ハリスさんを副大統領に指名しました。ノーベル平和賞の受賞者の顔ぶれをみても女性の活躍は顕著です。平成26（２０１４）年には「児童と青年に対する抑圧に対する戦いとすべての児童のための教育への権利への貢献」が認められてパキスタンのマララ・ユスフザイさんが受賞し、平成30（２０１８）年には「戦場や紛争地域において兵器として用いられる戦時性暴力を終結させるための努力」が認められてイラクのナーディーヤ・ムラードさんが受賞しました。政治家でいえばヒラリー・クリントンさんは惜しくもアメリカ初の女性大統領にはなれませんでしたが、日本でも女性初の総理大臣への期待が高まっています。きっと第2、第3のヒラリーが現れてくることでしょう。私は4人の娘に恵まれたのですが全員医者になってくれました。そして、そのうちの1人が現在、小矢部大家病院の院長を務めてくれています。

政治の世界だけに限らず、女性ならではのしなやかな発想がビジネスに生かされてヒットするケースも増えています。背景には、男性の女性化があるのではないかと感じていますが、女性が活躍する社会はとても魅力的だと感じます。

とはいえ、生物としての男性と女性には大きな違いがあるとも思います。どんな生物でも、オスとメスがペアになることで子孫を残すことができます。女性たちがより強く、たくましくなるのは大いに結構なことですが、この生物としての基本も忘れずに、日々を過ごしてほしいものだと思います。

国や社会、公共の役に立つことを

令和2（2020）年8月、安倍晋三首相が突然の辞任を発表しました。平成24（2012）年末からスタートして7年8カ月にも及んだ史上最長の政権が突然の幕引きとなったのです。

平成18（2006）年に首相となった時は、持病の潰瘍性大腸炎の悪化による体調不良でわずか1年で辞任しています。2度目となる今回は、強いリーダーシップと高い支持率によって史上最長を記録。安倍首相が主導してきたアベノミクスの成果もまだ出ていないうえ、自衛隊を憲法に加えるという憲法改正も実現できないままとなってしまったのは、とても心残りだっただろうと推察します。

今回の辞任理由も、前回と同じ持病の潰瘍性大腸炎の悪化に伴う体調不良ということです。潰瘍性大腸炎という病気自体は、命に関わるような病気ではありません。しかし、高い支持率の裏で、いわゆる「桜を見る会」の問題をはじめ、「森友学園」「加計学園」の問題、そして総理補佐官であった河井克行氏と案里夫妻の件など、さまざまな問題が噴出しました。政治家、特に国会議員なら、国の行方を左右する大局的視点で議論を行ってくれれば良いものを、重箱の隅をつつくような些細《ささい》なことがらをほじくり返してばかりでがっかりさせられてしまいます。安倍首相も、大きな政治的変革を行おうとしていたところで足を取られてしまい、気力が萎えてしまったのかもしれません。

私も平成18（２００６）年に5期20年務めた市長を辞することになりました。日本という国全体が経済成長著しいバブル期からその崩壊、成熟した社会へと転換していく中で、いち地方政治家として地域社会への貢献を目指してきました。20年という月日は決して短いものではありませんから、「もう十分やり切った」という思いがあると同時に、「まだまだやるべきことがあるのではないか？」という思いも尽きませんでした。

それでも、市長を辞して間もなく、県知事から褒章をいただけるという連絡がありました。国や公共に対する功績があった人物に対して「旭日章」という勲章が贈られるのですが、私が頂いたのは6つある旭日章のうちの上から3つ目にあたる「旭日中綬章」でした。妻とふたり宮中へ招かれて、天皇陛下からありがたいお言葉を賜ったのです。

勲章など私にはもったいないと思いましたが、努力していれば誰かが見ていて、報われるものなのだ、とも感じました。今の若い人たちも、国や社会、公共の役に立つことをムダだと考えず、ぜひ政治の世界などにもチャレンジしていただきたいと思います。

「井の中の蛙」だった大学時代

私が金沢大学へと進学したのは昭和28（１９５３）年のこと。教養部で2年間を過ごした後、医学部へと進学しました。当然お金はなかったので、夏休みなどの長期休暇には貧乏旅行を楽しみました。そもそも富山で生まれ育って大学は金沢ですから、都会への憧れというか、いわゆる「井の中の蛙《かわず》」感は常に持っていましたね。それで、大学時代には東大へ進学した友人のもとへ旅行したこともあります。

当時の東京大学の駒場寮に泊めてもらったのですが、朝食はコッペパンと牛乳1本という粗末なもの。本郷キャンパスの三四郎池や浅草の仲見世、上野の「アメ横」などへも出かけました。「アメ横」は人も多くてにぎわっていて、何でも売っていて衝撃的でした。特に買い物もしませんでしたが、それでも気分が浮き立つような楽しさを感じることができたのが忘れられません。

どこかに故郷の 香をのせて
入る列車の なつかしさ
上野は俺らの 心の駅だ
くじけちゃならない 人生が
あの日ここから 始まった
『あゝ上野駅』（井沢八郎）

当時は東北の寒村からの集団就職が行われていて、上野は東北地方からの東京の入り口だったんですね。雑多で混沌《こんとん》としていて、生命力にあふれていたんでしょうね。

また、当時の金大生たちの間ではダンスパーティーがはやっていたので、パーティーを企画して入場料を取るなどして小遣いを稼いでいたことを思い出します。医学部の４年生になると、病院で医者としてのアルバイトにも励みました。

大学に進学すれば大人になれるかというと、決してそんなことはありません。私は、学生時代も含めて現在まで、友人はそれほど多いほうではないと思います。しかしそれでも、前述の東大へ進学した友人をはじめ、大学の同期の友人たちからも多くの刺激をもらいました。自分ひとりでできることには当然のことながら限界があります。自分が今見ている世界が全てであると感じることなく、旅行などでもっと広い世界を見て、できるだけ良い友人を選び、鍛錬しながら自分自身を磨き、可能性を伸ばしてほしいと思います。

日本人であることに誇りを持ってほしい

市長時代にイタリアを訪問した際に、ミラノ郊外にある普伝寺という曹洞宗のお寺を訪ねたことがあります。ここではカトリックの地であるイタリアの文化を取り入れつつ、日々座禅修行に打ち込んでいます。そんな普伝寺で聞いたのが、リンゴのマークでおなじみの米アップル社の創業者にして中興の祖、カリスマ経営者として知られるスティーブ・ジョブズ氏が曹洞宗の僧侶と親しく親交していたということです。

スマートフォンやタブレット、そしてアプリストアなど、それまで世界のどこにも存在しなかった製品やサービスを展開した米アップル社。今や同社の時価総額は、日本を代表するトヨタ自動車の10倍にものぼるというから驚きです。ジョブズ氏は、iMacでパソコンを身近なものとしたほか、スマホなどなかった時代にiPhoneを発表するなど、圧倒的な創造性とカリスマ性で現在まで続くアップルの隆盛の礎を築きました。しかし、そんなジョブズ氏にも、自らが創業したアップル社から追放された不遇の時代がありました。そんな時代の彼を支えたのが、アメリカで曹洞宗の布教に携わっていた乙川弘文氏だと言われています。

乙川氏は、曹洞宗の本山である福井県の永平寺で修行を積んだ後、昭和42（１９６７）年に渡米。タサハラ禅マウンテンセンター、ロスアルトスの禅センター、ロスガトスの慈光寺などで曹洞宗の布教に努めました。そんな中でスティーブ・ジョブズ氏と交流を持つようになり、昭和61（１９８６）年にはジョブズ氏のＮｅＸＴ社の宗教指導者に任命されるなど信頼を得るようになっていきます。私は、この乙川弘文氏という人そのものの魅力もさることながら、アメリカのＩＴ企業のカリスマ経営者がなぜ日本の「禅」にひかれたのか、ということに興味があります。

「禅」では、「座禅」を通して物事の真実の姿、あり方を見極めて、心を調えていくことを目指します。「座禅」を組むことによって身体が安定し、心が集中していくのです。曹洞宗の座禅は「ただひたすらに座る」ということを意味する「只管打坐（しかんたざ）」とされます。つまり、何か他に目的があって座禅をするのではなく、座禅をすることそのものが目的なのです。そして、ただひたすらに座禅をすることで、やがて森羅万象と一体となり、悩みから解放される、つまり悟りを開くことができる、と説きました。これがいわゆる「心身脱落」ということです。

道元禅師は、座禅だけではなくすべての日常行為に座禅と同じ価値を見いだし、禅の修行として行うことを説かれています。しかし、私は最近の日本人よりもむしろ海外の人たちのほうが、「禅」を始めとする日本ならではの高い精神性や価値観を理解し、実践しているように感じられてなりません。忙しい毎日のなかでついつい忘れてしまいがちですが、私たちも日々の生活の全てに心を込めて集中し、もっと高い精神性を獲得してほしいと思います。

時流を見極めよう

私が自分の病院を開業したのは、大学院を修了して2年後の昭和42（１９６７）年４月のことでした。当時は世の中全体が成長へと突き進むタイミングだったこともあり、若くして病院経営者となることができたのです。とはいえ、病院経営というのは決して楽なことばかりではありません。病院長である私は医師として患者さんたちと向き合い、先輩としてスタッフを指導し、そして経営者として病院経営に取り組む日々でした。それはとにかく多忙な、とても人間的とは言えない生活で、寝食を忘れて没頭しました。そのおかげで、病院経営は成功し、順調に拡大を続けることができました。

もちろん、私一人の力でここまでこれたわけではありません。一緒に働いてくれたスタッフや、優秀な医師を送り込んでくれた母校の教授にも感謝しています。さらにいえば、最初の病院開設にあたって国の医療金融公庫から融資を受けるためのお世話をしてくださった松村謙三氏をはじめ、本当に多くの人たちのお導きがあり、支えがあったおかげでここまでやってくることができたのです。

私が病院経営者として成功することができた最大の理由は、医療に関する法制度の改正などに合わせて時流を読み、「次に何をするべきか?」をきちんと見極めることができたからだと思います。最初に精神科に着目したのは、戦後の制度転換にあわせてのことです。

そのおかげで、開院の翌年には75床だった病床を１２５床にまで増床。昭和51（１９７６）年にはさらなる増築を行い、精神科を２病棟あわせて１４２床に増やしただけでなく、内科一般病棟として38床を設けました。これにより、さらに地域医療に貢献できるようになったのです。さらに、精神障害者のグループホームを開設したり、介護老人保健施設を開設したりするなど、法制度や時流、需給バランスなどに合わせて拡大を続けてきたのです。この世の中の変化や流れに敏感であることこそが、成功の秘訣といえます。皆さんも、ぜひ世の中の変化にアンテナを張り巡らし、時流に合わせて成功を勝ち取っていただきたいと思います。

私の足跡② クロスランドおやべ

私が市長として残した「足跡」として最大のものは、やはりクロスランドおやべでしょう。これは、昭和の終わり頃に創設されたリーディング・プロジェクト事業の一環としてスタートしました。リーディング・プロジェクトとは21世紀に向けて地域政策課題に積極的に取り組む自治体に対して当時の自治省が財政支援を行う事業のこと。当時の小矢部市は、北陸自動車道と東海北陸自動車道、能越自動車道という３つの高速道路が交差することが決まっていました。そのため、北陸地方における交通・物流の要所となるだろうと考えられ、そこから商業、工業、文化などの拠点として小矢部市という街の魅力を高めることが期待されていました。

　そんな小矢部市の思いと国の地域間交流という政策課題が合致し、文化交流の拠点としてのクロスランドおやべの事業がスタートしたのです。昭和の終わり頃からスタートしたプロジェクトは平成２（１９９０）年に正式決定され、平成６（１９９４）年までの５カ年計画で実施されました。小矢部市はこのクロスランドおやべの建設を最重要プロジェク

小矢部市の、ひいては富山県のシンボルとなったクロスランドおやべの「クロスランドタワー」。観光地として地元の人たちに愛されている。

トのひとつと位置づけて推進。最終的に、100億円近い資金を投入して、文化、芸術、経済の交流拠点であるクロスランドおやべが完成したのです。

第3章

「歴史」から学ぼう

日本は存亡の危機を迎えている？

古代ローマ帝国をはじめ、無敵を誇ったスペインやポルトガル、大英帝国まで、栄枯盛衰の歴史は枚挙にいとまがありません。いずれの国も栄華と権勢を誇りながらもやがて没落していき、どん底まで落ちたところから再生を果たしています。

現代の日本を眺めてみると、経済的なイノベーションもなければ、科学的な研究においても欧米の後塵《こうじん》を拝しているように感じられてなりません。日本は確かに日常生活を送るうえで何不自由のない豊かな国になりましたが、至れり尽くせりの社会保障が本当に日本人のためになっているのかと疑問に感じてしまうことも少なくありません。もしかすると、戦中・戦後のような壊滅的な経済状態になってみないと、目を覚ますことはないのかもしれないなぁ、とも感じてしまいます。

「ゆく河の流れは絶えずして、しかももとの水にあらず」（方丈記）

鴨長明の『方丈記』のこの言葉は、栄枯盛衰が歴史の必然であり、宿命であることを教えてくれています。それは、かつて世界一の経済大国と称された日本に関しても例外ではありません。今の平和や豊かさが損なわれてしまった時にも生き残れるように、何事も訓練して備えておく必要があると思います。

これから日本は超高齢化社会へと突入し、日本人は毎年50万人ずつ減少していくと言われています。しばらく前からこうなることは分かっていたのに、どうしてこのような事態になっているのでしょうか。その最大の原因は、やはり子どもを産む若い世代の人たちが、日本という国で子どもを産んで育てるのが難しいと感じているということでしょう。

それにはいくつもの原因があると考えられます。たとえば、非正規雇用が増えて生活が安定しない人が増えていることが理由かもしれませんし、正規雇用の社員でも給料がなかなか上がらないことが原因かもしれません。また、景気が良くなっているように感じられないことは明るい未来を想像しにくくなりますし、給料が上がらないなかで将来的に子どもの学費を捻出できるのか、といった不安もあるかもしれません。総じて、これからの日本の未来に明るい期待を抱くことができないからこそ子どもが増えないのです。

現在の日本は、世界中のどこの国と比べても豊かで暮らしやすく、安全な国であると言えます。美しい国土、長い歴史、水資源も緑も豊かで、空気も美味しい、そんな豊かな国はそれほど多くはありません。しかし、このままの状態が続けば、日本はいずれ海外からの人材に頼る必要があると考えられます。そうなると、縄文時代から脈々と続いてきた大和民族の危機に直面するときが来るかもしれません。もしかするとそれが、日本という国の栄華が終わる時なのかもしれません。

私はこれまでに世界中の国々を旅してきました。海外を訪れてその地の文化に触れることで、かえって日本の素晴らしさを感じるようになりました。そんな素晴らしい国が、これから衰退してしまうのを指をくわえてみているのはもったいない。政府、あるいは頭脳明晰な官僚の方々は、もっと本気で少子化対策に取り組んで、若い人たちが積極的に子どもを産み育てたくなるような日本にしてほしいと思います。

ナンバー2の話

第99代内閣総理大臣となった菅義偉氏は、安倍前総理大臣のナンバー2として過去最長の長期政権を支えました。内閣総理大臣の女房役ともいえる官房長官であった菅氏は「官邸主導」を掲げる安倍内閣の顔として、日々記者会見を行い、政府の姿勢を表明してきたのです。

そんな菅氏が総理大臣となり、最近日本学術会議が選定したメンバー6名の会員への任命を拒否したことで、日本学術会議に関する疑惑をあぶり出しました。それは、日本学術会議が中国の「千人計画」と関わっているのではないか、というものです。日本学術会議は日本の大学などに「軍事研究を行うな」と強く指導する一方で、中国の軍事研究を行う中国科学技術協会と提携していることが明らかになっています。中国では習近平主席が「軍民融合」を提唱しており、民間の科学技術研究の成果の軍事転用を推進しています。つまり、意図したものではないにしろ、日本学術会議が中国の人民解放軍の軍事増強に寄与している可能性がないわけではないと考えられるのです。それをあぶり出した菅総理は良い仕事をしたと思います。一方で、日本の科学技術の研究体制や予算などは削減される一方ですから、日本学術会議などを廃して、中国工程院のような研究機関を設置してみてもいいのかもしれない、と個人的には考えます。

ナンバー2というと思い出すのは、中国の三国時代に活躍した諸葛孔明です。日本でもファンの多い「魏」「蜀」「呉」の三国が相まみえた戦乱の三国時代。そのきっかけを作ったのが、後漢の滅亡を受けて「蜀」を建国し、初代皇帝に就いた劉備です。劉備は政治が乱れて飢饉《ききん》が頻発していた後漢にとどめを刺して、より良い国づくりを目指して「蜀」を起こした英雄の一人として知られていますが、劉備の「蜀」が曹操の「魏」、孫権の「呉」と互角に渡り合えたのは、この諸葛孔明がいたからだと言われています。私もそんな諸葛孔明にあやかって、中国を訪問した時には四川省成都にある墓を訪れて頭を垂れたことを思い出します。

知将・軍師として名高い諸葛孔明ですが、最終的に劉備が亡くなってからは劉備の息子である劉禅を支えて全権を掌握したものの、「魏」との戦いの途中で志半ばで亡くなっています。安倍前総理のもとで活躍した菅氏も、全権を掌握した今、新たなる目標に向けて力を尽くしていただきたいと思います。

日本の原点である縄文時代への思い

小矢部市には、はるかなる縄文時代の遺跡「桜町遺跡」があります。私が小矢部市の市長を務めていた昭和の終わり頃、この「桜町遺跡」の本格的な発掘調査を行いました。バブル全盛の頃ですから、有り余るほどの資金が公共事業などへ投じられました。そうやって社会インフラを整備していくなかで、太古の遺跡が発見されると工事が止まってしまいますから、開発の邪魔にならないようにどんどん調査されていったのです。そのため、日本各地で縄文時代の遺跡の発掘調査が行われてちょっとした縄文ブームが起こったのです。

小矢部市でも道路の整備の過程で縄文時代の遺跡が発見されました。発掘調査を行った結果、この「桜町遺跡」は今から約1万2000年前の縄文時代の草創期から晩期まで続く遺跡であることが分かりました。そこで、この「桜町遺跡」に縄文時代の象徴ともいえる高床建造物を復元。周辺を公園として整備して観光地化を推進しました。ここで縄文という時代とその文化に触れたことは、その後の私に大きな影響を与えました。

縄文時代というと、高床住居に住み、縄文式土器を使って調理などを行い、狩猟や採集をメインとした生活を送っていた、というくらいの認識しかない人もいるかもしれません。しかし、昨今の研究によると、縄文時代の人々はどうやら魂の不滅を信じていたようだということが分かってきました。その根拠のひとつが、亡くなった人を埋葬していた痕跡があるということ。特に、大切な人は丁寧に弔い、自分の家の近くに埋葬していたと考えられているのです。これは、魂の不滅、いわゆる生まれ変わりを信じていたということだと考えられています。

また、現代よりも格段に厳しい自然の中で生き抜いていくために、人々は日々、山や木々などの地球そのものに祈りを捧げ、お互いの絆を強め、自然の恵みを分かち合いながら共生してきたということが分かっています。つまり、自分たちを取り巻く全てのものに命があり、自分たちもまた何か大きな存在によって生かされていると感じていたと考えられます。これがいわゆる精霊信仰、アニミズムで、この考え方が日本の古代宗教である八百万の神々に通じているのです。

縄文人たちは狩猟や採集、漁労などにいそしみながら、自分が生かされている、食べさせていただいている、ということを日々自然に感謝していたのでしょう。アニミズムを信仰していた縄文時代はとても大らかで争いのない社会で、約1万年もの長きにわたって平和な時代が続いたと考えられています。原始的という言葉では決して片付けられない、とても洗練された文化があると感じませんか？　私は、日本人の原点は縄文時代にあるだろうと感じているのです。

そんな縄文時代好きが高じて、私は自分が所有している土地に高床の山荘を建ててしまいました。そして、ここに飾るために自民党幹事長、建設大臣や衆議院議長などを務められた綿貫民輔氏に「縄文神光」と揮毫《きごう》していただきました。いつの日かここにオベリスクを建てて、心ある人々の生きた証を集合したい、という淡い思いもあります。

戦国時代、日本は世界最強の軍事国家だった?

15世紀後半のこと。当時の政権を担っていた室町幕府の混迷にともなって、日本各地を治めていた大名たちが力を蓄えていきました。やがて、大名たちは自らの領土を拡大しようとしていきます。これが、各地の大名たちが覇権を争って戦いを繰り広げた戦国時代の始まりです。群雄割拠するこの混迷の時代は、織田信長、豊臣秀吉、徳川家康といういわゆる三英傑が登場するまでの100年以上にわたって続き、日本独自の文化や風習を作り上げました。

ちょうどその頃、世界ではイギリスやポルトガル、スペイン、オランダなどの国々が、それぞれ世界に植民地を拡大し続けていました。当然、日本にも目を付けます。当時のスペインは、植民地を増やすためにまず宣教師を送り込み、信者を増やしたうえで軍隊を派遣して信者たちと共同戦線を張って占領する作戦をとっていたと考えられています。従って、日本史を勉強した人なら誰もが一度は聞いたことのあるフランシスコ・ザビエルは、日本の植民地化を目指したスペインが送り込んだスパイだったという説も。

しかし、世界中に植民地を拡大し続けたスペインも、日本の占領は諦めたと言われています。その理由のひとつが、当時の日本の圧倒的な軍事力です。戦国の乱世だったこともあり、日本は輸入された鉄砲を研究し、自分たちの手で改良品を作るようになりました。もともと手先が器用で勤勉な国民性ということもあり、日本製の鉄砲はヨーロッパのそれよりも高性能なものへと進化していったのです。この頃、日本の諸大名が持っていた鉄砲を合わせると、スペインの軍隊が所有する鉄砲の数よりも圧倒的に多かったと言われています。つまり、戦国時代の日本を侵略してくる外国に対して仮に諸大名が力を合わせたとしたら負けることのない、いわば世界でも有数の軍事大国だったというわけです。

その後、天下統一を目指した織田信長の登場により、戦国の乱世にも終わりが見えてきました。信長は安土城下に神学校の建設を許すなどキリスト教を保護しました。その背景には、政治的、軍事的な勢力を強める仏教寺院への対抗があったと言われています。しかし、本能寺の変で倒れた信長の後に台頭した豊臣秀吉は、当初のキリスト教保護から一転してキリスト教を海外追放。その後の徳川政権も一貫して鎖国という政策を敷いたので、日本が植民地になることはありませんでした。

私は別に戦争において強い国であるべき、と言うつもりはありません。しかし、私たち日本人と日本は太平洋戦争には敗れましたが、もともととても強い国だったということを誇りに思ってほしいと思います。

ペリーも認めた吉田松陰という傑物

教育、あるいは学ぶ、ということについて考えた時に、私が真っ先に思い浮かべるのが吉田松陰という人物です。松陰は長州藩・萩城下に「松下村塾」という私塾を開いて若者たちを指導していました。この松下村塾では、高杉晋作、伊藤博文、山縣有朋など、後に倒幕を成し遂げ、明治政府で重要な働きをした若者たちが指導を受けたことでも知られています。しかし、吉田松陰は倒幕論を唱えたことで長州藩から危険視されて投獄され、安政の大獄に連座して死刑となりました。享年わずか30でした。

明治維新の精神的支柱であった吉田松陰の思想、知識、そして精神性は、単なる教育者というだけにはとどまりません。それは、黒船で来航して徳川幕府に対して強引に開国を迫ったペリーをもうならせたほど、国際的にも高い評価を受けるものでした。実は、松陰は松下村塾を開く前に、横浜に来航したペリーの船でアメリカへ密航しようとしたことがあるのです。結局密航は叶わずに港へと戻された松陰は拘束されて長州藩で投獄されてしまいます。この投獄がきっかけで、松陰は後に松下村塾を開くことになるのです。

この時の出来事について、ペリーは日本人の優秀さ、知的好奇心の高さの現れだとして後に詳しく報告書に記述しています。

「この事件は、知識を増すためなら国の厳格な法律を無視することも、死の危険を冒すことも辞さなかった2人の教養ある日本人の激しい知識欲を示すものとして、実に興味深かった。日本人は間違いなく探究心のある国民であり、道徳的、知的能力を広げる機会を歓迎するだろう。あの不運な２人の行動は、同国人の特質であると思うし、国民の激しい好奇心をこれほどよく表しているものはない。その実行がはばまれているのは、きわめて厳重な法律と、法に背かせまいとする絶え間ない監視のせいにすぎない。この日本人の性向を見れば、この興味深い国の前途はなんと可能性を秘めていることか、そして付言すれば、なんと有望であることか」

私は、吉田松陰という人物が突然変異であるとは思いません。関ケ原以降３５０年以上もの長きにわたって続いた徳川幕府という強大な権力による支配の下で強いられた不自由、不満などが積もり積もって、命を懸けてまで「もっと広い世界を見たい」「もっと多くのことを知りたい」という吉田松陰のような人物を生み出したのです。これからの時代を担う若者たちも、決して小さくまとまることなく、ぜひ吉田松陰のような好奇心、貪欲さ、無謀さを持ってほしいと思います。

日本的な価値観や美意識を大切に

衣服やインテリアなどのライフスタイルから食事まで、今は西洋のスタイルが一般的となりました。しかし、日本には古来から続く独自の文化、価値観などが存在しています。たとえば、「質素」「静謐《せいひつ》」などを表現し、人の世のはかなさ、無常観などを表現する「侘び・寂び」や、しみじみとした情趣を表す「もののあはれ」などは日本を象徴する価値観といえます。私たちはせっかく日本人として生まれたのですから、何でも西欧を真似するのではなく、もっと日本オリジナルの美意識や価値観などを大切にしてほしいと思います。

私から見れば、西欧の文化は覇権主義的で、あらゆることに関して自分たちの価値観を押し付けてくるように感じられます。その点、日本にはお互いの違いを理解し、認め合い、尊重し合う文化があると思います。これからの時代は、国という単位にとらわれるのではなく、環境問題や資源の問題など、地球単位で取り組んでいかなければ解決できないような問題が山積しています。そのような時代にあっては、西欧のような覇権主義的な考え方ではなく、日本のようなお互いを尊重できる考え方のほうがしっくりとくるように感じられてなりません。そんな日本的な価値観の一つの象徴ともいえるのが赤穂浪士の悲話だと思います。

赤穂浪士とは、赤穂藩主の浅野内匠頭が、江戸城内の松の廊下で吉良上野介に切りかかり、傷を負わせるという事件を起こしたため即日切腹を命じられ、所領や家屋、武士の身分も剝奪《はくだつ》されたという、江戸時代における大事件のひとつです。これを受けて、大石内蔵助を中心とした四十七人の家臣たちが主人である浅野内匠頭のあだ討ちのために立ち上がります。年末も押し迫った12月14日に吉良邸に討ち入りを果たした四十七士は、吉良を討ち取って見事に復讐を果たします。そしてその後、四十七士は幕府によって全員切腹を命じられることになるのです。自らの命を顧みることなく主人の名誉のためにあだ討ちを果たした彼らこそが義士であり、日本ならではの美談として年末になるとさまざまな形で語り継がれています。

もちろん、現代を生きる私たちとは生きている時代も環境も全く異なりますから、同じように主人のあだ討ちで討ち入りをする必要はありません。しかし、かつて日本にはそのような男たちがいたこと、そして彼らがどのような気持ちで吉良上野介の屋敷へと向かったのか、ということなどについては自分なりに思いを巡らしてみてほしいと思います。

ペストがルネサンス文化を生んだ？

「100年に一度」とも言われる新型コロナウイルスという未曽有の感染症が世界中を覆い尽くしています。この原稿を書いている2021年1月現在で世界の感染者数が1億人を超え、アメリカでは40万人以上が死亡、イングランド全土でロックダウン（都市封鎖）が行われています。連日のニュースを見ていて感じるのは、新型コロナウイルスのような感染症が広がるなかで「生命維持」と「生活維持」を同時に実現することがいかに難しいかということです。

日本でも、非正規雇用の労働者や外国人労働者が仕事を失ったり、自殺者が激増するといった問題が顕在化しつつあります。企業の業績に関しても、外食産業やホテル、旅行業界などが軒並み業績を悪化させているのに対して、巣ごもり需要の高まりが追い風となってアップルやフェイスブックなどは史上最高益を記録するなど、今までにないようなことが次々に起こっています。経済的な損失やダメージを最小限に抑えつつ、人類が生き残るためにはどうすれば良いのか。社会全体で考えていく必要があるのでしょう。

ようやくワクチンが完成して接種が進められつつありますが、コロナ禍は予想以上に大きく、長引いています。これがどのような未来をもたらすのでしょうか。かつてヨーロッパで人口の1／3を死亡させるほどのパンデミックを引き起こしたペストは、教会主導の封建体制を崩壊させ、ペストから復活したヨーロッパではルネサンス文化が花開きました。

新型コロナウイルスはまだ収束にはほど遠い状態ですが、そんな中でもコロナ禍を受けて在宅勤務やリモートワークなどが普及しました。オフィスを構える必要がなくなり、都心の本社ビルの売却を考えている企業も増えているようです。確かに、リモートによる会議などが普通になれば、転勤・単身赴任はもちろん、出張なども大幅に減るでしょう。もしかすると、わざわざ土地の高い都心に住む必要すらなくなります。実際に、東京を離れて地方へと移住する人も増えていると言われます。このコロナ禍を機に、社会の枠組みや人の流れが大きく変わることになるかもしれません。コロナ禍から復活した日本にどのような文化やビジネス、可能性が生まれ、それがどのような形で私たち一人ひとりに影響を与えるのか。どうか良い方向へ向かってほしいと思います。

アメリカは再び超大国になれるのか？

令和２（２０２０）年11月3日、アメリカの次期大統領を選ぶ選挙が行われました。ドナルド・トランプ大統領に挑むのは、民主党のジョー・バイデン氏。新型コロナウイルスの感染対策としてソーシャルディスタンスをキープした演説会場やテレビ討論会など、迫力に欠ける部分はあったものの、時に飛行機やヘリコプターなども駆使して全米を駆け回る両候補者の選挙戦に釘付けになりました。

そんなアメリカの大統領選を眺めていて感じたのは、やはり世界を変えてきたのはアメリカなのだなぁという感慨です。私は戦前の生まれですから、第二次大戦後にマッカーサーが率いるアメリカが日本を統治していた時代を経験しているという意味で、アメリカの影響力は甚大だと身を持って感じています。今や文化や技術などもアメリカという国を抜きにしては語れませんし、世界の警察を名乗って世界中の紛争にクビを突っ込んだりしてきた歴史も忘れられません。

そんな超大国アメリカが今、大きな分断に直面しています。この分断はトランプ大統領から始まったと言われていますが、実はオバマ大統領の時代から始まっていました。平成21（2009）年にアメリカ初のアフリカ系アメリカ人、いわゆる「黒人」大統領となったバラク・オバマ氏を、世界は圧倒的な歓喜を持って迎えました。

オバマ氏は知性と理性によるアメリカの統一と発展を願い、有色人種や貧困層といった社会的弱者の支援に努めたほか、「核なき世界への働きかけ」が評価されてノーベル平和賞を受賞しています。しかし、そんなオバマ政権の裏側で、それまで社会の中心を成していた白人を中心とする共和党支持者たちの不満が爆発寸前にまで膨張していきました。その結果誕生したトランプ政権は、オバマ氏が推進してきた融和とは正反対の、分断を推進するかのような方向へと突き進んでいきました。今回の大統領選においてジョー・バイデン氏が勝利を収めた最大の理由は、このトランプ大統領が推進してきた「分断」に対して、アメリカ国民の多くが「Ｎｏ」を突きつけた結果といえるでしょう。

現在のアメリカは、人種差別と不景気の問題で真っ二つに分断されています。ジョー・バイデン氏に有力な融和策があるとも感じられませんが、現実を見ればいつまでも対立を続けているというわけにもいきません。南北戦争から始まるさまざまな確執を抱えたアメリカは、この分断を乗り越えて再び超大国になるのか。もしそれができなければ、世界の覇権を目指す中国にどう対抗していくのか。アメリカの今後の動きは、世界のあり方を大きく変えるかもしれません。それがどのような形になるのか、私たち日本人もしっかりと見つめる必要があると思います。

世の中を変える人、とは？

20年間政治の世界で生きてきた経験から感じるのは、やはり日本の若者たちにもっと政治に関心を持ってほしい、ということです。確かに、経済や文化でも世の中を変えることはできますが、やはり世の中を大きく変革するのは政治家だと思います。今の日本には、世の中を変革してくれそうな政治家が見当たりません。ビジネスや文化などの面で活躍しているような若い人たちに、ぜひ政治の世界で大暴れして日本という国を変えてほしいものだと思います。

私は第二次大戦という敗戦から世界一の経済大国へと成長した激動の日本を体感しています。当時の日本は全体的に活気と期待にあふれていました。しかし、令和を迎えた今の日本に活気を感じる人はそれほど多くはないでしょう。いっそのこと戦後の焼け野原のような何もない時代へ逆戻りして奮起するか、経済的な格差をなくして皆がある程度の満足を感じられるような社会にするか、大きな変革が求められているような気がしてなりません。そのためには、やはり社会を変えるバイタリティーを備えたリーダーの登場が待たれます。

リーダーと一言で言っても、その時代や社会状況に応じて、社会を動かす人に求められる要素は変化します。これまでの歴史の中から、私が日本を変革したと感じるリーダーといえば、やはりそれまでの社会のあり方を根本から変えようとした人物ということになるでしょう。

古くは大化の改新を主導した天智天皇が亡くなった後に起こった「壬申の乱」に勝利した大海人皇子です。この壬申の乱は、天智天皇の後を息子の大友皇子か、弟の大海人皇子が継ぐかという皇位継承問題に伴う古代日本最大の内乱であり、クーデターです。この戦に大海人皇子が勝利して天武天皇として即位し、それまで「大王」だった統治者の位を「天皇＝神」として天下に示すことにします。このクーデターは、日本という国が近代的な律令国家へと舵を切るうえで必要だったのだと考えられます。

また、上野公園の銅像で知られる西郷南洲（隆盛）も、日本を変えようと反乱を起こした傑物でした。西郷といえば薩長同盟の成立や王政復古に尽力し、江戸無血開城を実現した立役者のひとりとして知られています。明治新政府でも重用されたものの、朝鮮との国交回復問題で大久保利通と対立して下野しました。そこから生まれ故郷の鹿児島へと戻り、私学校で若者たちの指導にあたるようになります。ちょうどこの頃、江戸幕府の下で特権階級だった士族たちの間で、明治新政府に対する不満が渦巻き始めます。西郷が指導していた私学校の生徒たちの中にも、明治新政府に対して不満を抱く若者たちが多く、彼らの不満に応える形で西郷は明治新政府に対して反乱を仕掛けます。それが、日本最後の内乱とされる西南戦争です。最終的に西郷は政府軍に敗れ、追い詰められて自害してしまいます。見方を変えれば、明治維新を完成させるために、自ら生け贄になったのです。しかし、西郷が説いた「為政者の基本的姿勢」や「人材登用」などに対する考え方は『南洲翁遺訓』として今もなお多くの経営者たちに影響を与え続けています。

現代において日本の社会を大きく変えたのは、池田勇人首相の「国民所得倍増計画」と、田中角栄首相の「日本列島改造論」あたりでしょうか。現在の議院内閣制においては、第一党の党内派閥の力学で首相が決まりますから、大きな変革を成し遂げる傑物はなかなか出てこないかもしれません。しかし、これからの日本は、新型コロナウイルスの蔓延にともなってそれまでの常識が常識ではなくなるニューノーマルの時代へと突入することになります。そんな時代にぴったりの変革を行ってくれるリーダーが、そろそろ現れてくれるのではないかと期待しています。

私の足跡③　縄文山荘

小矢部市の道路開発を含む土地整備や再開発などの事業を通じて、小矢部市には縄文時代の遺跡があることを知りました。この「桜町遺跡」は、約１万２０００年前というはるか昔にその場所で人々が暮らし、文明が存在していたという証です。

縄文時代の人々は、厳しい自然と共存しながら日々を暮らしていたことが分かっています。人々はさまざまな恵みを与えてくれる山や木々、地球そのものに感謝と祈りを捧げ、絆を強め、自然の恵みを分かち合って生きていました。根底にあるのは、自分たちが自然、地球、宇宙によって生かされているという考え方だと思います。

私は、このような縄文時代の人々の生活や信仰、感謝、そして死生観こそ、私たち人類の基本だと思います。現代の人たちは、とかく自分がやっていることで「生きている」と考えてしまいがち。ところが実際には、自然に生かされているのであり、地球や宇宙という壮大な営みの中のひとつに過ぎないのだということに気づくべきだと思うのです。

そんな縄文時代への憧れから、私は縄文時代の住居を真似た山荘を建てました。「縄文山荘」と名付けたこの山荘は、そのような私の思いや考えに共鳴する人たちを結ぶ拠点となってほしいと考えています。

第4章

「好き」を大切に

世界中に足跡を残したい

私の家には世界中で購入した像や絵画などの美術品をはじめ、家具、そして石などのコレクションが所狭しと置いてあります。海外などを訪れると、どうしてもその地を訪れた証拠のようなものを手に入れたくなってしまうのです。実際には、購入してから後悔したものも少なくありません。

たとえば、イタリアのピノキオ村で購入した人間ほどの大きさもあるピノキオは、飛行機に乗せるだけでも一苦労でした。また、スペインのマドリードで衝動買いした等身大のサンチョ・パンサとドン・キホーテは、日本へと運ぶ途中で行方不明になって到着まで1年余りもかかってしまいました。さらに、中国・天水を訪問した時には家具工場の展示室の家具を全て買い上げたこともあります。しかし、当時は中国と日本の間の物流事情が悪すぎて、なかなか日本に到着しませんでした。結局、名古屋の税関で眠っていた時期も含めて1年以上も行方不明のまま放置されていたのです。しかし、たとえどれだけトラブルに見舞われようと、訪れた各地で「何か記念に残るもの」を購入することが止められません。

思うに、私は男ですからやはり「征服欲」とでも言うべき気持ちがあるのでしょう。人形や家具以外にも、自宅の応接間などには銅像や絵画などが所狭しと並んでいます。なかでも、家に転がっている数々の石はその最たるもので、まさにその地を訪れた、いわばその地を征服したような気分になれるアイテムのひとつ。22カ国ほどの国で石を買ってきては家にコレクションしています。

残念ながら、私ががんばって集めたコレクションの数々について、家族は誰ひとりとして魅力を感じてくれていません。私がこの世から去ったら、きっとキレイさっぱりと処分されてしまうのだろうと思うと残念でなりません。

イタリアが好きだ！

私は若い頃に貧乏で自由に旅行を楽しむことができなかったぶん、社会に出てから世界各国を旅しました。そんななかで最も頻繁に訪れた国のひとつがイタリアです。

イタリアという国は海も空も青く輝いており、ボストーク1号で宇宙へ飛んだユーリ・ガガーリンの「地球は青かった」という言葉が実感できます。首都ローマでは街並みの美しさやモノ作り工房に感動し、フィレンツェでは晩餐会に参加、ベネチア、シチリア、ミラノなどの都市圏はもちろん、ピノキオの生みの親であるカルロ・コッローディが生まれたピノキオ村や、レオナルド・ダ・ヴィンチが生まれたヴィンチ村なども訪問しました。どの街も明るくて美しく、食事も美味しい。そして、オペラも素晴らしい。何より、女性たちが美しいのが最高です。

イタリアという国は、個人主義に基づく家族主義が原則となっています。もともと多くの小国から成っており、それぞれの地域意識が極めて強いという特徴があります。その最たるものがイタリア人の大好きなサッカーです。各地域に根ざしたチームがあり、互いに一歩も譲りません。

何度もイタリアを訪問するうちに、歴史や文化などにも詳しくなりました。イタリアはローマ時代から男性中心の社会が根付いていて、１９６０年代まで姦通《かんつう》罪があり、離婚ができないなど女性の権利が認められてきませんでした。そんな歴史の中で、女性たちは家庭を第一に考えてしっかりと守り続けてきました。

また、実力社会というよりもコネの影響が強く、努力しても報われることが少ないために努力を放棄し、毎日を楽しく過ごしたいと考えてしまう人も少なくないのだとか。公務員も堂々とストライキを行うので驚かされます。

なぜこれほどイタリアに惹かれるのか考えてみると、イタリアという国では自殺者が少ないそうです。これはカトリックの教義の影響もありますが、彼らが本質的に楽天家だからだと感じます。お祭りやサッカーに熱狂し、毎日を楽しく過ごすことに情熱を傾け、音楽や絵画を創作し、恋愛を楽しむ。そんなイタリア人の生き方が好きなのです。

人生には息抜きだって必要だ

「官邸主導」を掲げ、大胆な金融緩和を伴う経済成長政策「アベノミクス」などを実施し、史上最長を誇った安倍政権が突然幕を閉じました。安倍晋三首相が、任期を1年余り残して辞任を発表したのです。ゴルフ好きとして知られる安倍首相ですが、新型コロナウイルス感染症対策に忙殺され、持病の潰瘍性大腸炎が悪化したことを辞任の理由に挙げていました。

安倍首相のプレッシャーとはレベルが違いますが、私も大学院を卒業して間もない頃から病院長として20年働き、その後は小矢部市の市長として20年働いてきました。まさに、働きづめの毎日を送ってきたといえるでしょう。最近は、ワークライフバランスの大切さが提唱されたり、働き方改革が推進されたりなど、以前のような馬車馬のように働くというスタイルは支持されなくなりつつあるようです。私自身は、泳ぐのをやめると死んでしまうマグロのようなもので、休みがほしいなどと考えることもなく懸命に働いてきました。そんな忙しい中にも楽しみを見つけて息抜きをしてきました。私が大切にしている息抜きが、酒、ゴルフ、そして大衆浴場の３つです。

まず、私にとって酒とは「心の憂さの捨て所」とでもいうべきもの。イヤなことがあった時や失敗してしまったと感じた時など、酒を飲んで憂さを晴らします。憂さをいつまでも心に置いておくと、かすのように不純なものがたまってしまうように感じてしまい、何も楽しめなくなってしまいます。ですから、美味しいお酒を楽しく飲んで、翌日には気持ちを切り替えるようにしていました。

ゴルフに関しては、私がシングルプレイヤーとして認定証をもらったのは昭和60（１９８５）年7月7日の七夕の日でした。最も熱中していた時期がちょうどバブル期で、日本中でゴルフが大ブームとなっていました。日本国内のコースはもちろん、台湾の台北ゴルフ場をはじめ、アカプルコ、シンガポール、イタリアなど海外のコースでもプレーを楽しみました。日本ゴルフコース設計者協会初代理事長で、日本で70以上のコースを設計したゴルフコース設計の第一人者である加藤俊輔氏とも交流を持つことができたのは嬉しかったですね。

とはいえ、この頃はゴルフ場の会員権の価格が高騰するなどゴルフは異常な人気となっていました。そうなると、好きな時にプレーしようとしてもなかなかできません。それなら、自分だけのゴルフ場を造ってしまおうと考えて、「おとぎの国カントリークラブ」を造ったのです。オープン時のパーティーには、作曲家の遠藤実氏や歌手の三浦洸一氏らがお祝いに来てくれたのも懐かしい思い出です。

78歳の時には千羽平ゴルフクラブの水曜杯で78（43、35）で回り、年齢以下の打数でホールアウトするエージシュートを達成。以来、85歳までの間に20回も達成しました。最近は、令和2（2020）年の5月に、グランドシニア杯決勝大会でエージシュートを達成しています。もう海外のゴルフ場でプレーしたいとは思っていませんが、寝たきりになってしまうことのないように、できるだけ続けていきたい趣味ですね。

大衆浴場は、独りきりで考え事をするために行く場所です。私はよく金沢の大衆浴場まで足を伸ばすのですが、県を越境するので知っている人に会うことはほとんどありません。

サウナは好きではないので入りませんが、炭酸風呂など、さまざまな風呂にゆっくりと浸かりながら瞑想《めいそう》にふけるのです。ゆったりとした気分で考えを巡らせることによって、自然と悩みが解決していることもあるんですよ。みなさんもぜひ、自分なりの息抜き方法を見つけて充実したオフを過ごすように心がけてください。それこそが、明日への活力につながるはずです。

タワーを建てたい！

私は市長時代、小矢部市に高さ１１８メートルの展望タワー、９３２席のホール、博物館を備え、親子連れで遊べる広場なども一体となった「クロスランドおやべ」という複合施設を作りました。平成６（１９９４）年に竣工した「クロスランドおやべ」は、初年度には23万５０００人もの人々に訪れていただくほどの人気を博しました。現在の入場者数はかなり減少してしまいましたが、小矢部市の文化・芸術の起点であり、ランドマークとして市民の間に定着しています。施設に併設した広々とした芝生公園には、天気の良い週末などは多くの家族連れでにぎわっています。

このプロジェクトがスタートしたのは、ちょうどバブル期のこと。竹下内閣が提唱した「地方が自ら考え、自ら事業を行う」という「ふるさと創生事業」が地方行政に大きなインパクトを与え、都市部だけでなく日本中で高速道路や新幹線といったインフラ事業や大小さまざまな公共施設などの建設ラッシュが起こりました。そんななか、小矢部市はちょうど東海北陸自動車道、北陸自動車道、能越自動車道などの高速道路がジャンクションで交差する場所にあたり、地域の重要拠点と位置づけられることになったのです。「クロスランドおやべ」のプロジェクトは「地域間交流事業」の認定を受け、文化・経済などあらゆる面で地域間交流の拠点となることを期待されていました。ところが、思わぬことで出鼻をくじかれてしまいます。「クロスランドおやべ」のシンボルとして建設を予定していた展望タワーの建設に「待った」がかかってしまったのです。

実は、全く知らなかったのですが、明治以降公費を使ってタワーを建設した例はないそうです。それが大問題となり、東京で行われた会議では建設できるかできないかの瀬戸際まで追い込まれてしまいました。それでも私は一緒にプロジェクトを進めてきた部下や仲間たちの期待を裏切ることはできませんし、何より私自身が「タワーを建てたい！」と強く願っていました。そして会議の場で「タワーが建てられないならプロジェクト自体を白紙に戻します」と演説した結果、何とか展望タワーの建設が了承されたのです。

「クロスランドおやべ」の展望タワーからは小矢部市内や砺波平野の散居村の風景が一望できるほか、天気が良ければ富山湾や立山連峰、白山、北陸新幹線などを見ることもできます。また、イルミネーションによってデートスポットとなり、恋人の聖地のひとつに認定されたことで、カップルたちの間で南京錠付きの「恋かぎ」が人気を集めています。最近、施設に多額の補修費用がかかることを理由に、タワーの廃止が取りざたされています。その決議を耳にして、私は「解体するならタワーを買い取る！」と発言してしまったことが話題となってしまいました。今や小矢部市のランドマークとして広く認知されているタワーですから、何とか残す方向で検討していただきたいと思います。

女性たちの存在が私を育てた

私の知人に仕事は抜群にできて経済力もあるけれど、女性の前に出るとサッパリという人がいます。仕事で発揮している能力をほんの少しでも発揮すれば、女性を口説くことくらいなんとでもなりそうな印象なのですが、それができないのです。逆に、仕事ではサッパリなのに次々と女性に手を出して何人もの女性を泣かせている男もいます。とかく男女の仲というのはままならないものです。

『古事記』や『日本書紀』などによると、日本の国づくりの起源は伊邪那岐（イザナギ）と伊邪那美（イザナミ）という男女それぞれの神によるものだとされています。また、『旧約聖書』には、最初の人間としてアダムとイブが描かれています。私たち人間は、男と女が対になって歴史を育んでいくものなのです。とはいえ、私は決して同性愛を否定しているわけではありません。ただ、私自身は女性（母）によって育てられ、女性によって奮起させられ、女性によって引き上げられたと感じています。まさに大恩人といっても過言ではありません。つまり、私の人生において女性はそれだけ大きな存在であるということ。端的に言えば、女性が好きなのです。

金沢の夜の街で美しいママに恋したこともありますし、イタリアでは「結婚し直してもいい」と感じるほどの一目ぼれも経験しました。ヴィンチ村を訪問した時のことですが、レストランでキレイな若いイタリア人女性に出会ったのです。話が弾んで意気投合し、いろいろな話をしているなかで、その女性の笑顔はまるでマリア様のように感じられました。時間が来て別れを告げると、青菜がしなびたように元気のない表情になってしまい、本当に可愛そうなことをしてしまったと大いに反省したものです。淡く甘酸っぱい思い出のひとつですね。

忘れられない家庭料理の「ふるさと煮」

昔からお酒は好きで飲んできましたし、美味しい料理を味わうのも大好きです。政治家時代には、いわゆる料亭などにもしょっちゅう出入りしていました。今でも忘れられないのは、市長に当選した直後のことです。市長に当選したお祝いとして、連日2つ、3つの宴席を設けていただいたんです。お酒の中では日本酒が好きですが、ビールでもワインでも、世界中のお酒は全てと言っていいくらい好きですから、いくらでも付き合うことができてしまうんですね。毎晩飲み続けたおかげでずいぶん太ったことを覚えています。

とはいえ、私は戦中・戦後の食料のない時代に育ちましたから、刺身やバッテラ、ホルモン焼きなど、料亭のような高級なものでなく庶民的なものでも、たいていのものは美味しいと感じます。最近は年齢のせいかそれほど多く食べることもできないのが残念ですが、それでも、いくつかこだわって楽しんでいるものはあります。たとえば、干イワシ。これは、自分で氷見漁港まで行って選んだものを食べています。

富山のグルメというと「白えび」や「ホタルイカ」「ブリ」など、氷見の海の幸のほか、「鱒寿司」を始めとする郷土料理、そして美味しい米と水から醸される日本酒などが有名だと思います。私は海の幸はもちろん、郷土料理も大好きです。なかでも好きなのは「ふるさと煮」です。

「ふるさと煮」というのは、冬に漬けた自家製のたくあんが春まで残ったら、それを煮て食べる富山や金沢の家庭料理のひとつ。金沢の料亭などに行くと、最後にシメのおじやと一緒にこの「ふるさと煮」が出されることもあるほど、富山や金沢の人にとっては当たり前の料理といえます。私は有名料亭の凝った料理もたくさんいただきましたし、東京や大坂、名古屋などのレストランや料亭などでも大いに食事とお酒を楽しみました。さらにいえば、日本だけでなく世界中で美味しい料理を食べてきました。それでもやはり、生まれ故郷の家庭料理に勝るものはないと感じてしまいます。

科学者としてのダ・ヴィンチが好きだ！

小矢部市長時代に、地方創生のための資金でさまざまな公共事業が行われました。私は、そんな地方創生の一環として、タワー、ホール、公園などからなる「クロスランドおやべ」という複合施設を建設しました。この「クロスランドおやべ」の施設のひとつに「ダ・ビンチテクノミュージアム」という施設があります。これは、かのレオナルド・ダ・ヴィンチの科学的な発明や研究にフォーカスし、それらを体験できるミュージアムです。

レオナルド・ダ・ヴィンチというと、皆さんは何を思い浮かべるでしょうか。最も有名なのはやはり「モナ＝リザ」の作者、つまり史上最高の画家としての才能でしょう。しかし、それ以外に、音楽、建築、数学、幾何学、解剖学、生理学、動植物学、天文学、気象学、地質学、地理学、物理学、光学、力学、土木工学などさまざまな分野で目を見張るような業績と数多くのメモを残しています。その圧倒的な才能は、人類史上もっとも多才であるとも言われているほどの人物です。

私は、そんな多彩を誇るレオナルド・ダ・ヴィンチがとても好きです。しかし、画家としての才能よりもむしろ、科学分野における業績にとても大きな魅力を感じます。そこで、小矢部市と日本の未来のために、子どもたちが気軽にダ・ヴィンチの科学的な発明や発見に触れたり、体感したりすることができる施設を作りたいと考えたのです。

「ダ・ビンチテクノミュージアム」では、レオナルド・ダ・ヴィンチが残した膨大なメモの中から、特に科学的な発明や発見に関するものをピックアップし、「走行」「航行」「飛行」の原理を模型等で再現しました。子どもたちに科学への興味を持ってもらうきっかけとして好評を得ています。タワーにしてもそうですが、「クロスランドおやべ」には少しずつ私の「好き」を散りばめたことで、引退後も非常に愛着の残る施設となりました。

私の足跡④　コレクション

「世界中に足跡を残したい」の項目でも書きましたが、私は世界中を旅する中で、それぞれの土地を象徴するモノを買い求めてきました。イタリアのピノキオ村では人間くらいの大きさのピノキオ像を買いましたし、スペインではサンチョ・パンサとドン・キホーテを買いました。また、中国で家具を大量に購入したこともありますし、絵画や像などのオブジェ、石などを買い集めてきました。

　これらのコレクションの数々は、他の人から見ればガラクタかもしれませんが、私にとってはとても大切なもの。まさに、私がそれらの国を訪れた証で

毛利衛氏が、日本宇宙少年団団長として市長を訪問。宇宙体験の話などで盛り上がった。

あり、足跡。大げさな言い方をすれば、私がそれらの国々を征服したといえるかもしれません。

すでに20カ国ほどの国々で石をはじめとする記念品を手に入れてきました。自宅にはあらゆる場所にそれらの記念品が飾ってあります。もう年も年ですから、これから私が死ぬまでの間でこの記念品・コレクションの数がそれほど増えることはないでしょう。私が生きている間は、これらのコレクションを大切にしたいと思っています。

第5章　私の歴史

戦争の真っ只中に過ごした少年時代

私は富山県小矢部市の小矢部大家病院の院長として20年間地域の人々の健康に寄与し、その後は小矢部市の市長として20年間地域の人々の生活の向上に努めてきました。とはいえ、私のことをご存知ない人もいることでしょう。そこで、私のこれまでの歴史について簡単に紹介させていただきたいと思います。

私は昭和10（１９３５）年3月に、富山県石動町（現・富山県小矢部市）に生まれました。母は肝っ玉の座った女性で、父は寡黙な男でした。昭和16（１９４１）年に太平洋戦争が始まったことを受けて国民学校令が発令され、それまで尋常小学校だった学校が国民学校となりました。国民学校での教育は儒教や論語などをベースとした軍国主義教育です。教育と同時に、農作業や土木工事などの勤労奉仕にも励みました。戦争が激しくなって食糧事情が悪くなると、校庭やグラウンドを耕して芋などを植えたり、稲田でイナゴの採集をしたりして食料の足しにしていました。その頃の思い出といえば、やはり常にお腹が空いていた、ということです。学校が終われば山や川へ遊びに出かけて、果物を探したり、魚を捕まえたりして食べていたように感じます。

遊びといっても今のようなゲームがあるわけでもありません。戦争ごっこなどで体を使って遊んでいました。ケンカもよくしましたが、ひきょうな手を使って勝つのはご法度。みんなフェアであることを心がけていましたね。

「国のために」という心が支えとなった

太平洋戦争下の軍国主義教育は、現人神《あらひとがみ》である天皇陛下と国に殉ずるべき、というもの。当然のことながら子どもたちは何の疑いもなくその教えを身に付け、守っていました。爆撃機が飛んでくると、皆で力を合わせて通信機器をトンネルの中まで運びましたし、近所に住む青年たちを学徒出陣や特攻隊の予備科生として送り出すこともありました。子どもたちだけに限らず、社会全体に「国のため」というムードが漂っていたように感じます。

戦争の真っ只中ですから死と隣り合わせなのですが、逆に日々の生活の中に目標や使命があることで、緊張感がみなぎっていて生き生きとしていたように感じます。

私たちは皆、心の底から日本が勝つものだと信じていました。ですから悲壮感などは全くありません。そういう意味では、本当に教育というものは恐ろしいものだと感じます。そして、小学校4年生の時にラジオで玉音放送を聞いたのです。そこからは世界がガラッと変わりました。それからの日々は、戦後の焼け野原からの復興です。闇市へ出かけては大人と渡り合いながら物資を手に入れたこともあります。とにかく生きていくのに必死でしたね。

復興とともに学生時代を過ごす

日本が戦後の焼け野原からの復興を目指して急速に発展を続けていくなかで、私も成長していきました。高校では相撲部に所属し、キャプテンとして部員たちを率いていました。

相撲部を選んだポイントは「道具が要らない」ことと、「練習場所が女子音楽部の前だった」という2点。相撲は道具はもちろん、道着のようなものすら必要なく、マワシさえあれば誰でも楽しむことができます。マワシ一本の姿で汗を流す青年たちの姿はイヤでも女子たちの注目を集めましたね。

しかし、そんな青春も高校2年まで。高校最後の一年は医学部受験のための勉強に集中しました。多感な時期なだけに恋もするし、誘惑も多かったものの、それらを振り切って勉強したおかげで無事に金沢大学に合格しました。

大学時代もお金はなかったので、東京へ出た友人の下宿を当てにして上京するなど貧乏旅行などを楽しみました。生まれ故郷の富山と大学のある金沢しか知らなかったので、東京の上野公園やアメ横、浅草の浅草寺など、毎日が祭りのようなにぎやかさには驚きました。

心の病を治す医師への興味

金沢大学では、教養部で2年過ごした後に医学部へと進学しました。大学4年になると病院などでインターンを行う機会も増え、医師という仕事のやりがい、魅力を実感するようになっていきます。医学部を卒業した後は昭和35年に同じ金沢大学の大学院へと進学。医師としてアルバイトする機会も増えて家財道具などを少しずつ買いそろえることができるようになりました。大学院での勉強と医師のアルバイトに明け暮れる中で結婚もしました。アルバイト代で慎ましくスタートした結婚生活でしたが、時代は経済成長真っ只中。収入は着実に増え続け、2輪のオートバイから中古のルノー、新車のスバルへと所有する車もグレードアップしていきました。

もともと私は、過酷な戦争を経験したことから「自分の手で病気やケガを治したい」という思いを抱いて医学部を目指しました。ですから、当初は外科的な処置で病気やケガを治すことに興味を持っていたのです。ところが大学院への進学を決めてからは、外科、内科から病理学などまで医療について幅広く学ぶなかで、体の健康だけでなく心の健康の大切さにも注目するようになっていきました。

そして、昭和40（１９６５）年に大学院を卒業すると、大学病院の精神科へと入局しました。この時期の研究や教授との交流が後の開業・病院開設につながりました。ちょうど日本全体が経済成長の大きな波の中にあり、人、モノ、カネがダイナミックに動いていた時代。法制度や社会の価値観の変化、あるいは時代の流れなどを見極めながら、精神科の病院を建てることを決めたのです。

多くの人たちに支えられて病院を開業

生まれ育った小矢部の地に75床の小矢部大家病院を開業したのは、昭和42（１９６７）年4月のことでした。母校である金沢大学医学部の旧校舎を買い取って移築した病棟は、当時としては珍しい円形・二階建てという風変わりなもので大いに目立ちました。大学時代の恩師や政治家の方々を招待してオープニングセレモニーを開催するなど、華々しい開業となったことを覚えています。

精神科の病院に着目したのは、戦後に法制度が変わって精神障害者に対する考え方や治療方法などが大きく変わったことが最大の理由です。それまで家で監禁状態にされていた精神障害者に対して、病院に入院させて治療するように、という方針が採択されたのです。この変化を受けて日本中が精神病院の建設ラッシュとなりました。

病院経営にのめり込み、多忙な生活へ

若くして病院長となり、病院経営をスタートした私は、医師としてはもちろん、スタッフの指導や病院施設の掃除、資金繰りまで、あらゆることを自分で行いました。そのぶんとても多忙でしたがやりがいは大きく、寝る間も惜しんで仕事に没頭していました。

仕事が楽しく、充実している一方で、家庭のことを全て妻一人に任せっきりにしてしまったことは今も申し訳なく思っています。私は4人の娘がいますが、彼女たちの子育てや教育に関わったことはほとんどありません。男性も積極的に育児に参加する「イクメン」が当然の現代では考えられないことかもしれません。

時流の変化に合わせて病院施設を拡大

円形の病棟なども含めて、地域でも比較的大きくて目立つ病院でした。そのため、泥棒に狙われたこともあります。しかし、仕事で疲れ切っていたのでしょう。夜の間に泥棒が入り込んでいることにも全く知らずに眠り続けていたようです。朝起きてから部屋が荒らされていることに気づいて驚きました。しかし、お金やモノなどはたとえ盗まれてもなんとでもなります。私たち家族に危害が及ばなかったのは不幸中の幸いといえるでしょう。

精神科に着目したことで、小矢部大家病院の経営は極めて順調に推移しました。開院時には75床だった病床を翌年には１２５床にまで増床したほか、昭和51（１９７６）年にはさらなる増築を行って精神科を２病棟・１４２床まで増床。さらに内科一般病棟として38床を設けることができたのです。

その後も、精神衛生法から精神保健福祉法への転換にあわせて、「なでしこハウス」や「藤村荘」「チューリップ」「花菖蒲の家」などの精神障害者のグループホームを開設したり、介護保険制度のスタートに合わせて介護老人保健施設の「ゆうゆうハウス」や「はっちょうとんぼ」を開設したりなど、少しずつ施設を増やしていきました。いつしか、小矢部大家病院とその関連施設は地域の人々にとって欠かせない存在となっていったのです。

地域の人々の役に立つ政治家への転身

昭和60（１９８５）年頃になると、私は政治の世界に興味を持つようになっていました。医師として、また病院長として生まれ故郷にさまざまな形で地域に貢献してきましたが、人間として、男としてもっと大きな仕事をやってみたいと考えるようになったのです。

政治家の仕事は、インフラ整備や施設の建設といった公共事業を通じて地域住民がより快適に、便利に暮らせるようにすることといえるでしょう。ちょうど病院経営が軌道に乗って退屈してきたところでもあり、当時憧れを抱いていた政治の世界にチャレンジしたいと考えるようになっていたのです。それで富山県議に立候補したのですが、努力の甲斐なく惜敗してしまいました。それで仕方なく私は病院経営の傍らライオンズクラブに参加するなど地域貢献を行うようになっていました。

そんな時に事態が急変します。昭和61年12月に当時小矢部市の市長だった松本市長が急逝されたのです。ライオンズクラブの方々にも聞いてみたところ、立候補してもいいいんじゃないかと、支持のお墨付きをいただきました。病院関係者や友人たちにも意見を聞きつつ、最終的に立候補することを決めました。

選挙戦はまさにドブ板選挙。街中を走り回り、多くの人たちに挨拶しては支持を求めました。最終的には、松本市長の後任として奥様からも支持をいただくなど、多くの方に支持をしていただくことができて、大差で当選を果たすことができたのです。

「総合計画」に基づくまちづくり

小矢部市は、その誕生以来ずっと長期的展望に立った「総合計画」に基づいてまちづくりが行われてきました。黎明期にあたる桜井市長の時代には「緑の中の生産都市」を目指し、次の松本市長の時代には「健康で住みよいまちづくり」を目指してきました。そんな松本市長の後を受けて第8代小矢部市長となった私は、来たるべき未来に向けた小矢部市のあるべき姿として「交流、活力、文化のまち」を掲げました。

そんな総合計画の象徴ともいえるのが「クロスランドおやべ」です。小矢部市を一望できるタワーや巨大なホール、博物館、そして公園などからなるこの施設の構想は、国のリーディング・プロジェクト事業指定の一大事業となりました。さらに、クロスランドおやべは、地域住民にとって外の地域との「交流」や「活力アップ」、そして「文化的な活動の起点」となる中核拠点でもあります。90億以上という巨額の予算をつぎ込んだ同施設は、現在もなお地域のランドマークであり、交流の場として多くの市民の皆さんに親しまれています。

もちろん、それだけでなく公民館の建設や生涯学習情報の提供、図書館の整備、そして海外派遣など、文化、活力などの向上につながる交流や情報の提供につながる「場」の提供に尽力しました。

さらに、21世紀を迎えるにあたっては、新たな小矢部市の姿として「すこやか、さわやか、にぎやか、おやべ」という目標を掲げ、特に時代の要請が強い「子育て」「健康」「自然」「暮らしと環境」「歴史と文化」「まちの活力と情報化」を6つの重点項目として積極的に取り組むことを決めました。そのうえで「すこやかプロジェクト」として少子高齢化に対応した健康福祉社会の形成を目指し、「さわやかプロジェクト」として省資源やリサイクルの推進に注力。そして「にぎやかプロジェクト」として地場産業の活性化による人・モノ・情報の交流促進に努めました。

インフラ整備や文化拠点の建設に邁進

私が市長になったのはちょうどバブル期のことでした。高速道路や新幹線といったインフラ事業をはじめ、大小さまざまな公共施設が次から次へと建設される公共事業花盛りの時代でした。なかでも地方が自ら考え、自ら事業を行う、竹下内閣が提唱した「ふるさと創生事業」は、地方行政に大きなインパクトを与えましたね。

そんななか、小矢部市は東海北陸自動車道、北陸自動車道、能越自動車道などの高速道路がジャンクションで交差する地域の重要拠点と位置づけられました。そこで、文化・経済の地域間交流の拠点として発展させるためのさまざまなプロジェクトをスタートさせたのです。

また、昭和63年には、縄文時代の遺跡「桜町遺跡」の本格的な発掘調査も行いました。調査終了後には高床建造物を復元し、周辺を公園として整備して観光地化を推進しました。

平成6年にはタワーを中心にホールや博物館を備え、親子連れで遊べる広場なども一体となった「クロスランドおやべ」が竣工。平成になると北陸新幹線、能越自動車道などが続々と開通し、富山と東京が新幹線で結ばれるなど、インフラが整っていきました。また、市長として、中国やイタリアなどの諸外国を歴訪。小矢部市と海外とのつながり・交流の深化にも力を注ぎました。

小矢部の未来のために歴史を見直す

私は市長時代に、新しい『小矢部市史』の刊行も実現しました。地方行政というと、とかく未来のことに目が向いてしまいがちです。しかし、未来の方向性を見定めるためには、私たちの祖先から脈々と受け継いできたこの小矢部という土地についてきちんと見直しておきたいと考えたからです。

私は戦前の生まれですから、その当時と比べると小矢部市はずいぶん豊かになりました。

戦争の苦しみを経て戦後の混乱期を生き延び、高度成長期以降は物質的にとても裕福に、贅沢になったと感じます。道路も走りやすく、橋もしっかりとしていて、学校や工場なども大きく立派になりました。食べ物や住まいのことを心配することもなくなりました。しかしその一方で、失われてしまったものもあるような気がしています。たとえば、家での家族の団らんや語らい、地域社会での見守り、絆など。核家族化が進むなかで、どうしても世代を超えた人たちや地域とのつながりが失われてしまうのは仕方のないことなのかもしれません。しかし、それが本当の豊かさといえるのでしょうか。

そんな気持ちから、もう一度自分が生まれ育った故郷とその歴史を見直してみたいと考えて『小矢部市史』のプロジェクトをスタートしたのです。この市史の作成にあたっては、調査や資料の提供などで多くの市民の方々にご協力いただきました。小矢部という土地には縄文時代からの遺跡が残っていますし、日本の、地球の、そして宇宙の歴史から見れば小矢部市の40年の歴史など一瞬ですらありません。しかし、私たちはたしかにこの時代にこの土地が存在し、日々の暮らしを営んでいたのです。その証を、きちんと記録としてとどめることができたことはとても意味のあることだと思っています。

20年の市長在任期間で世の中も大きく変化

私は昭和61（1986）年12月から平成18（2006）年12月までの20年間、小矢部市長を務めました。その間に、時代はバブルからバブル崩壊後の失われた10年、そして景気の良さをあまり体感できなかった平成14（2002）年からのいざなみ景気へと変化していきます。

景気の回復、経済成長が体感できないなか、箱モノの地方行政はすっかり影を潜めました。そんななかで実現したのが大規模な産業団地の造成と企業の誘致です。能越自動車道を造るために掘った土で、高速道路の小矢部インターチェンジからほど近い場所に産業団地の小矢部フロンティアパークを建設。高速道路とのアクセスの良さで北陸全域をカバーするとともに、環日本海交流の拠点としてふさわしい日本海側屈指の『モノづくり産業団地』として人気を博しています。

一方で、バブルの崩壊とともに地方創生などの予算が国から下りてこなくなりました。そこで、各地方自治体は市町村合併によって生き残りを図ろうとします。これが、高齢化や過疎化などによる税収の減少により、財務状態の悪化に歯止めがかからない全国の市町村が合併した平成の大合併です。小矢部市も例外ではなく、財務状況は厳しい状態にありました。そのため、やはりどこか隣接する市町村と合併したほうがいいのではないかと考えました。私が考えたのは、旧西砺波郡福岡町との1市1町合併です。しかし、残念ながら福岡町は高岡市との合併を望みましたので合併には至りませんでした。

当時は失敗したとも思いましたが、後から考えてみれば市町村合併は必ずしもメリットばかりではありません。借金などのマイナスも一緒になるわけですからどちらが良かったのかは今もよく分からないですね。近隣には高岡市や砺波市などがありますから、もう一度議論をする必要があるかもしれませんが、今のところ小矢部市は独立を維持しつつ現在に至っています。

クロスランドタワーが解体の危機に⁉

２０１８年６月、私にとっての大事件が起こりました。小矢部市議会公共施設再編特別委員会において、「公共施設を延べ床面積で20％以上減らすことで、維持管理費など約４４０億円の削減を目指す」という提案が行われたのです。これにともなって、小矢部市が保有する１４８施設のうち20施設を廃止するという方向性が打ち出されました。その中に、私が建設した「クロスランドおやべ」の展望タワーであり、小矢部市のランドマークでもあるクロスランドタワーも含まれていたのです。

この廃止の背景にあるのは、施設の老朽化です。クロスランドタワー自体の耐用年数は２０４１年なのですが、内部のエレベーターのほうの耐用年数が迫っていました。このエレベーターはタワーのデザインに合わせて造られたもので、改修するためには数億という巨額の費用が必要となると試算されています。現在の入場者数などとの兼ね合いから考えてみると、市の予算からそれだけの巨額の費用を負担することはできません。そのため、小矢部市はクロスランドタワーを廃止する方向性を打ち出したのです。

その話を聞いて、私はすかさず「解体するなら買い取る！」と公言しました。このクロスランドタワーは、私にとっては単なる展望タワーというだけにとどまらない、思い入れのある施設のひとつ。いわばオベリスクのようなものなのです。ですから、解体されてしまうくらいなら自分で買い取って記念碑として残したいと考えたのです。

この私の発言は地元の新聞でも大きく取り上げられて話題となりました。新聞報道を見た市民の方々から、前の市長である私が買い取るならそれを市へ寄贈するなりなんなり、再び市民のために利用してくれるだろう、という期待の声も集まったと聞きました。しかし、この時の私は解体されて捨てられてしまうくらいなら、自分のオベリスクにし活用してみたいという程度のものでした。寄贈するなど考えてもいなかったので驚きました。しかも、買い取るとなると解体費用だけでも数億円という巨額の資金が必要になるらしく、家族からは大反対されてしまいました。実は私にはそのまま利用する考えもありましたので、しばらく成り行きに任せました。

あれから数年。幸いなことに、小矢部市は今のところクロスランドタワーを解体するとは決めていません。ハート型のモニュメントを設置してクロスランドタワーの展望台とセットで「恋人の聖地」に登録してＰＲするなど、クロスランドタワーの集客を増やす方向で動いてくれているようです。いくら入場者が減少しているとはいえ、クロスランドタワーはすでに小矢部市のランドマークとして広く知られた資産のひとつといえます。それを解体してしまうのはもったいないですよね。

政治家としての心残り

私が市長という職にあった時に考えていたのは、未来志向で小矢部市をいかに発展させ、市民の暮らしを豊かにするかということです。そのために、高速道路が交差する場所という特性を生かして、文化・芸術・経済などあらゆる面で北陸地方の起点にしたいと考えました。その成長・発展策のひとつが大規模工業団地の造成で、もうひとつがクロスランドおやべの建設です。それ以外にも、インフラの整備など、世の中が豊かになっていくことを前提とした成長志向の政策を掲げ、それを推進し続けてきたのです。

ところが、昨今の日本の状況を見ていると、日本という国と私たちの社会は、成長を続けるだけではないのだなぁという感慨を深めます。特に、今は新型コロナウイルス禍の真っ只中にあり、アベノミクスにおいて日本の成長戦略のひとつに数えられてきた日本の観光立国化・インバウンドによる経済発展は望むべくもありません。これは、日本という国が成熟した一つの証なのかもしれませんが、今日よりも明日が豊かになる、そんな希望や活力はどこへ行ってしまったのでしょうか。

もし今再び政治家になれるとするならば、私はあらゆる格差の是正に努めたいと思います。ただひたすらに成長を目指すのではなく、今ある資源やお金、仕事などあらゆるものをできるだけ格差を埋めるような形の社会の実現に取り組みたいのです。

現在の日本には、貧富の差だけでなく、東京と地方の格差など、さまざまな格差があると感じています。確かに、コロナウイルスの感染予防対策としてステイホーム、リモートワークなどが推進されたおかげで、パソコンやスマートフォンなどを使って人と会う、会話をする、ということがニューノーマルとして定着しつつあります。それによって、誰もが自宅から仕事をすることができるようになるなど人の移動は大きく減りました。それでもやはり、東京一極集中の状況はそれほど変わりません。

今さらですが、もっと東京と地方の格差をなくし、収入の格差をなくし、たとえばセーフティーネットなども拡充して弱い人を支える仕組みづくりをしておけば良かったと感じられてなりません。

私の足跡⑤　勲章

市民の皆さんをはじめ、地域の企業経営者たちや政治家などさまざまな人たちのご協力のおかげで、私は20年もの長きにわたって市長を続けることができました。そして、退職した暁には旭日中綬章というもったいない勲章をいただきました。

妻とともに宮中に招かれ、天皇陛下からお言葉を賜ることができたあの瞬間は私の人生におけるハイライトのひとつ。とても大きな誇りであると同時にこの上ない喜びです。

戦前に生まれて戦争を肌で経験し、戦後の混乱期を生き抜いた後は、急激な経済復興と経済成長を体験。やがてバブルが弾けて不景気へ。時代背景だけを見ても変化に富んだダイナミックな人生だったと感じられてなりません。別に勲章を受章することが偉いわけでも立派なわけでもありません。ただ、これだけ変化に富んだ時代を生きることができたことに感謝しています。

第6章

みんな「宇宙の塵」だから

人間とは何か？

私たちは人間です。この地球上のあらゆる生物は、それぞれの生態系の中でしか生きることができません。自分たちが存在している生態系が崩れてしまうと滅びるしかないのです。しかし、人間だけは違います。人間は生態系に足りないものがあればそれを他から持ってきたり、新たに作ったりして補い、生き残ることができます。つまり、生態系を無視することができる生き物なのです。

動物たちは、自分たちが生きることに疑問を持つことはないでしょう。生きるために食べ、生きるために寝て、生きるために交尾をして子孫を残していきます。つまり、生きることそのものが目的です。ところが、人間は違います。「自分とは何だろう?」とか「何のために生きるのか?」といったことを考えます。また、あらゆる生物の中で、自分がいずれ死ぬ、ということを理解しているのは人間だけなのだと言われています。動物も体が弱ったことは理解できるでしょうが、その先にあるのが「死」だとまでは認識できていないと考えられているのです。その点、人間は他人とは異なる自分という存在を認識し、身近な人の死に触れるなかで死というものを認識していきます。とはいえ、「死」を経験した時には、死んでいますから、それを誰かに伝えることはできません。死というものは、誰も経験したことがない、誰も言葉にしてくれていないから怖いというだけで、実際には穏やかなものなのでしょう。

　人間のＤＮＡを解析していくと約99％まではチンパンジーと同じなのだとか。チンパンジーは恐らく、「自分は何のために生きるのか」とか「死とはどういうものなのか」といったことは考えていないでしょう。ですから私たちも、動物としての本能をもっと大切にするべきなのではないかと感じます。人間はどんどんスマートに洗練されていきますが、生きること、闘争すること、食べること、子孫を残すことなど、動物としての本能をもっと見直し、その本能に忠実に生きてほしいと思います。

「日本人」であることにこだわるべき？

私は日本人で、日本人であることに誇りを持っています。また、この本を読んでいるほとんどの人は、私と同じ日本人だと思います。では、日本人である、とはどういうことでしょうか。日本という国は島国で、治安が良く、先進的な都会で、かつ自然も豊かで、日本語で会話をする国。そんな日本で生まれ、日本国籍を持っている人が日本人であると言えます。しかし、私が考える日本人像は少し違います。

私は日本人として最も欠かせない要素のひとつが「義理と人情」だと思っています。たとえば、自分よりもまず他人を思いやる、恩を受けたら返す、といった行為は、昔の日本人にとっては至極当然のことでした。しかし、最近の日本では当たり前とはいかないようです。確かに、インターネットを介した情報インフラの発達や、格安航空を中心とした航空インフラの進歩などにともなって、世界はとても小さく、身近になりました。いつでもどこへでも好きな時に移動できるようになり、日本の名だたるメーカーは生産拠点を海外へ移してコストダウンや効率化を図っています。その視線の先にあるのは、世界というマーケットに他なりません。そんな時代に求められるのは、英語で会話ができて異なる人種や宗教、文化などを理解し、尊重することができるグローバルな人材です。当然のことながら、日本人ならではの価値観や習慣などは重視されなくなっていきました。

日本人が日本人の心、美徳ともいえる「義理と人情」に重きを置かなくなってしまった理由は、グローバル化以外にもあるでしょう。たとえば、世界的に「個」が優先される時代性も大きく影響しているでしょうし、明るい明日を描くことができない、日本を取り巻く閉《へい》塞《そく》感もあるでしょう。都会への一極集中によって地域との関係性が希薄になり、絆が薄れてしまったということもあるかもしれません。これからますます少子高齢化が進んでいけば、日本人の若者はさらに減少していきます。地方が過疎化し、都会で核家族ばかりになってしまったら、人との関わりはさらに薄くなっていくはず。さらに、少子化にともなって一次産業などの担い手は、海外からの労働力に頼らざるを得なくなるかもしれません。そうなると、日本人らしさ、日本人の心といったものはさらに失われていくことでしょう。

私は自分が日本人であることに誇りを持っていますから、最後まで日本人としてこの命を全うしたいと思っています。しかし、宇宙から見れば地球なんてちっぽけな惑星のひとつにすぎません。そう考えると、敢えて「日本人である」ということにこだわり、誇りを持つ必要もないのかもしれません。私はもうこれから訪れる時代をしっかりと見届けることはできないでしょう。これからの時代に「日本人であること」にこだわり、誇りを持つことが果たして良いことなのかどうかわかりません。それならいっそ、私たちは日本人であるということにこだわらず、米国のように多民族国家となり、コスモポリタンとして発展していく、というのも一つの手なのかもしれないなぁ、と思うことがあります。

生老病死：生きることは苦しい？

人間はいつか必ず死にます。どれだけ良い行いをした聖人にも、どれだけ悪いことをした悪人にも、死は平等に訪れます。「いつか死ぬなら何をやってもムダだ」とか「生きる意味なんてない」などとニヒルに考えてしまう人もいるかもしれません。確かに、人間以外の動物の多くは、おそらく「食べること」と「子孫を残すこと」以外には何も考えていないような気がします。しかし、人間はどうしても「生きることそのもの」が目的にはなり得ません。生きていく中でさまざまな目標を見つけ、それにチャレンジすることで、ようやく「生きている」という実感を得ることができるのではないでしょうか。

仏教には「生老病死」という言葉があります。これは、「生まれること」「老いること」「病気になること」そして「死ぬこと」という4つを指します。この4つは「四苦」と呼ばれ、人間にとって避けられない苦悩という意味になります。仏教において「生」は「生まれること」とされていますが、私は「生まれること」であると同時に「生きること」もまた、苦悩であると感じています。仏教用語でこの世の中のことを「娑婆《しゃば》」と言いますが、「娑婆」には「この世」以外に、実は「苦しみに満ちた耐え忍ぶべき世界」という意味があるのです。つまり、「この世に生まれて生きること」は「苦しみ」であるということなのだと思うのです。

私も毎日そんなことを考えて生きているわけではありません。しかし、老年期を迎えた今、限りある命と迫りくる死を意識せざるを得ません。そしてだからこそ、その限られた時間、私を取り巻くこの社会の中で精一杯楽しもうとしているのです。人間は誰でも「生老病死」を避けることはできません。避けられないからこそ、人は「死」が訪れるまでの時間、精一杯に生きることの大切さ、ありがたさを意識することが大切なのだと思うようになりました。そう考えれば、私にとって「生きること」は避けられない苦悩であると同時に、無限の喜びにもなります。苦しみだけでなく楽しみを得られるように、皆さんも夢や希望を持ってがんばってほしいと思います。

私たちは皆、宇宙人だから

皆さんも子供の頃、宇宙の謎やＵＦＯ、宇宙人の存在に胸を躍らせたことがあると思います。広い宇宙のどこかに自分たち人類と同じような知的生命体が存在していて、私たち地球の人類とコンタクトしようとしている、と考えると、なんとも壮大で、ロマンがありますよね。しかし、今となって思うのは、私たち自身が宇宙人である、ということです。
私は日本に生まれて日本に暮らす日本人ですが、地球人でもあります。そして、地球とは広大な宇宙に浮かぶ惑星のひとつに過ぎません。つまり、宇宙人なのです。そのように宇宙という視点から考えてみると、覇権争いが続く中国とアメリカの対立、イスラム教とキリスト教の対立など、人間社会における思想や価値観、宗教の違いなどは、ほんの些細なことに過ぎません。

環境問題や伝染病、地震や豪雨、火山の爆発や隕石などの災害、化石燃料に代わるエネルギー問題など、私たちを取り巻くさまざまな問題は、一国だけの利益や価値観、宗教観などにこだわっていては解決できないものばかり。世界中の英知を結集して臨む必要があるといえるでしょう。そのための基本となるのが、私は縄文時代に根ざす精霊崇拝、多神を信じる心にあると思います。縄文時代の人々は、自然のあらゆるものに神が宿ると信じ、自然を崇拝し、自然と共存していました。古代の神や宗教は中心が太陽でした。しかし、現代ではその太陽でさえも宇宙には無数に存在する恒星の一つでしかないことがわかってきました。今後、世界中の人々が、「世界は一つ、宇宙は一体である」という考え方を持つことができれば、きっと些細な価値観の違いや個人的な利益の追求で対立することはなくなるのではないかと思うのです。

死後のこと

最近は葬儀を執り行って墓を建て、子孫がそれを守る、という日本古来の風習がなくなりつつあるようです。たとえば、遺骨を樹木の根本などに埋める「樹木葬」や、海に散骨する「海洋葬」、宇宙に散骨する「宇宙葬」など、亡くなった人を自然にかえす自然葬の人気が高まっているという話を聞きました。特に都会では墓を建てるといっても一苦労。生活スタイルの変化とともに価値観も大きく変化していく時代のなかで、子どもや孫に墓を代々守り続けるという負担を強いることにも戸惑いを感じる人が増えているのでしょう。

私が暮らしている地域はまだ人々のつながりが濃いほうですが、今後はどうなるか分かりません。インターネットやスマートフォンの普及とともに、私たち人類は土地や家などの場所という概念に縛られず、いつでもどこでもネット上でつながることができて、いつでもどこでも仕事ができる、いわばノマド（遊牧民）のようなライフスタイルが主流になるかもしれません。地域における人間同士のつながりが希薄になれば、亡くなったら自然にかえすほうが理にかなっているということになるのでしょう。

私はもうすでに老年期といえる年齢です。死というものを経験した人はすでに身の回りからいなくなっていますから、誰も「死」とはどのようなものであるのかを説明することはできません。しかし、それでも「人間はいつか必ず死ぬもの」です。それは避けることのできない事実ですから、死を受け入れることが大切なのです。死を恐れるのではなく、「いつ死んでも大丈夫だ」ととらえることで、毎日を精一杯、元気に生きていくことができるはず。もしかすると、死を前向きにとらえることによって「のんびりしていてはもったいない」と新たなモチベーションにつながるかもしれません。

そんな「私の死」と同時に考えるのは、少子高齢化で人口減少が進む日本の将来のことや、温暖化で各地で異常気象などが続く地球のこと。私たち人間は、それぞれの寿命が尽きれば死んでいきます。しかし、その子や孫は残っていくことになります。私たちは、資源や環境、技術、知恵、ノウハウなどなど、子や孫の世代へと残すに値するようなものをきちんと残すことができるでしょうか。生きている間に考えなければならないこと、やるべきことがたくさんあるような気がします。私がこの世からいなくなった後に残る人たちが、夢と希望を感じられる社会となるように、今できることをやりたいと思います。

広大な宇宙の塵に過ぎないと考えれば……

地球には約１７５万もの種が生きていますが、私たち人間はあたかもその頂点にあるかのように破壊と創造を繰り返してきました。人間が現代のような集団生活を送るようになったのはおよそ５万年前と考えられていますが、その歴史は地球全体の歴史から見ればほんの一瞬に過ぎません。そのわずかな期間で人類の営為によって破壊されたものや失われてしまったものは数多くあります。近年繰り返される酷暑や大雨といった異常気象の頻発といった現象を待つまでもなく、地球環境の変化・悪化は現実のものとなりつつあります。これまで積み上げられた人類の英知から、これからの人類が自然と共存しながら生きていかなければならないのは間違いありません。

これは何も、私たち日本人だけの問題ではありません。全人類が地球規模で考えなくてはならない問題のひとつといえるでしょう。そう考えれば、私たちが「私たちは日本人だから」などと、ナショナリズムを主張する意味はありません。ビジネスの世界、特に自動車業界などにおいては生産拠点や市場の海外移転、すなわちグローバル化が進み、ルノーの傘下となった日産だけでなく、トヨタやホンダなど日本の自動車メーカーでありながら日本ではなく海外マーケットを軸に経営を考える時代となりつつあります。日本人ならではの価値観や国益などにこだわって大局的な視点を見失ってしまうよりは、最初から宇宙視点でみて世界は一つ、と考えたほうがいいのかもしれない、とも思ってしまいます。

たとえば、日本も米国と同じような多民族国家になる、というのも一つの方法かもしれません。このまま少子高齢化が進めば、日本における若い働き手はいなくなってしまうため、医療に携わる看護師や、介護に携わる介護士などの担い手を海外からの移住者に頼るという考え方があります。アメリカという国を見れば分かりますが、異なる民族がともに暮らすためにはできるだけルールを明確化して、誰もが同じルールの上で生きることが大切になるでしょう。今まで日本社会に根ざしてきた「あいまい」「うやむや」といった風習も排除されてスッキリと見晴らしがよく、風通しの良い社会になるかもしれません。

仮に日本が多民族国家になったとしても、ただそれだけで自分のやりたいことができなくなる、ということはないでしょう。新たな社会、新たなルールの中でやりたいことややるべきことを見つけ出し、チャレンジすれば良いのです。私の好きな言葉、「Going my way（わが道を行く）」という言葉は実践できるはず。そのくらいの大きな変化があっても生き残れるような知恵、技術といった能力、そして生命力を備えてほしいと思います。

日本人と宗教

キリスト教、イスラム教、仏教は、それぞれ世界中に信者を持つ三大宗教と呼ばれます。それぞれの信者数でみると、キリスト教徒が約20億人、イスラム教徒が約16億人、そして仏教は約4億人にものぼるのだとか。実は、仏教徒よりもヒンドゥー教の信者の方が多いのですが、ヒンドゥー教は民族宗教であるため世界三大宗教には入っていないのだそうです。

イスラム教やキリスト教などの教義は、人々の生活をさまざまな形で制限します。しかし、信者たちはそれを嫌々やっているわけではなく、むしろ喜んでやっています。なぜなら、それらの宗教は私たちが生きていく中で感じるさまざまな悩みや迷いから解放してくれるものであり、どう生きれば良いかを説き、導いてくれるからです。より良い人生を全うすることにつながるからこそ、多少の制限を受け入れて教義に従うのです。

しかし、日本にはそのような圧倒的な宗教というものが存在しません。日本人の信仰を比率でみると、神道と仏教がそれぞれ7割近くにものぼる一方で、無信仰の人も少なくありません。これは、神社仏閣が地域での生活に根ざしていて、たとえば「願い事は神社にお参りする」「先祖の供養は寺院で行う」といったことが日常的に行われてきたからでしょう。そんな日本人独特の宗教観の根底にあるのが、縄文時代から続くアニミズム、精霊信仰にあると思います。

アニミズムというのは有機物・無機物を問わず全てのものに霊魂が存在するという考え

方で、日本では古来から山や木々、岩など、自然のあらゆるものに神が宿ると考えられてきました。そのため、特定の宗教の教義に従うというよりは、自然の法則を崇拝し、それに従うということが私たち日本人のＤＮＡの中にしっかりと刻まれているのではないかと感じます。

戦時中の特攻隊員たちは、ゼロ戦に乗って敵艦に特攻する瞬間に神に祈ったわけではありません。彼らは皆、口々に「お母さん！」と叫んだのです。神ではなく、自分の母親や家族、郷里を思いながら死んでいきました。私は、このような日本人独特の精神性を、今こそもっと大切にしたほうが良いのではないかと感じます。

仏教から見たこの世の中のこと

私たちが生きているこの世の中について、仏教では４つのキーワードでこの世の真理を解き明かします。それは、人生は思い通りにならないという意味の「一切皆苦」、全ては移り変わるという意味の「諸行無常」、全ては繋がりの中で変化しているという意味の「諸法無我」、そして人生において目指すべき悟りを意味する「涅槃寂静」の4つです。

私はこのうち、「諸行無常（全ては移り変わる）」と「諸法無我（全ては繋がりの中で変化している）」という2つこそが、この世の真理なのだと感じます。自分も含めてこの世の全ては繋がりの中で変化し続けていて、あらゆるものが移り変わってゆく、ということです。つまり、私たちはこの世の根幹であり、成り立ちでもある宇宙と繋がっていて、一体となって移り変わっていっているということ。私たち一人ひとりはもちろんのこと、地球も宇宙も、この世の中のあらゆるものが一体となって、何か大きな意志によって生かされていると感じられるのです。

仏様のことば
お前はお前で丁度よい
顔も体も名前も性も
お前にそれは丁度よい
貧も富も親も子も

息子の嫁もその孫も
それはお前に丁度よい
幸も不幸も喜びも
悲しみさえも丁度よい
歩いたお前の人生は
悪くもなければ良くもない
お前にとって丁度よい
地獄へ行こうと極楽へ行こうと
行ったところが丁度よい
うぬぼれる要もなく卑下する要もない
上もなければ下もない
死ぬ月日さえも丁度よい
仏様と二人連れの人生丁度よくないはずがない
これで良かったと戴けた時憶念の信が生まれます
南無阿弥陀仏

これは良寛和尚の言葉で、いわば「足るを知る」とでもいった内容でしょうか。私もそろそろいい年になってきましたので、自分の死や魂といったものについて考えるようになりました。それなりに資産も築き、日々暮らしていく上で不自由はありませんから。

私たちが生きているこの宇宙のこと

近年、これまで謎に包まれていた宇宙の成り立ち、生命の起源などが少しずつ解明されるようになってきました。私たちが暮らしているこの巨大な宇宙は拡大を続けていて、ブラックホールも確かに存在しています。ブラックホールの底は、簡単に言うなら半径６３７１キロメートルにも及ぶこの地球が角砂糖１個に凝縮されたような状態なのだとか。

これはちょっと想像できない現象といえますが、それこそが私たちが生きているこの世界の真の姿かもしれないというのですから不思議です。

そんな宇宙について突き詰めて考えていくと、私は宇宙の存在そのものが宗教的な世界観とぴったりと一致しているように感じられます。たとえば、量子力学においては、光子や電子などは「粒子と波動の二重性」という性質を持っています。これは、光子や電子などが粒子のような性質と波のような性質という相反する性質を併せ持っているということ（波は心、光子や電子はモノ）。大正10（１９２１）年にアインシュタインがノーベル物理学賞を受賞した「光電効果」の元となった考え方で、量子力学においては常識となっています。これはいわば、光という存在は粒子であると同時に波動でもあるということを意味しているのです。

一方で、仏教では世界のあらゆるものについて、常に変化し続けているという「空」の思想を根本に据えています。これは、生命を持つ人間をはじめとした生物だけに限ったことではなく、あらゆるものが常に変化を続けているということ。物質にも精神にも実体や本体がないことについて、「行為はあるが行為者はいない」と説きます。そうなると、私を含むあらゆる人間の「自我」とは何でしょうか。私たちは有であると同時に無でもあるということです。もはや宇宙も人間も含めて世界は一体となって生かされている、とも感じます。

そう考えてみると、私たち一人ひとりなど正に塵のような存在に過ぎません。だからこそ、「Going my way」を貫いて、自分なりに納得できる自分の人生を生き抜くべきだと思うのです。せっかく生かされているのだから、精一杯生きなければ損でしょう。

大日如来はブラックホール？

世界にはさまざまな宗教があり、それぞれに神がいます。世界の宗教の多くは、唯一の神（キリストやアッラーなど）を信じて教義を守ればより良い来世を迎えられる、と説きます。一方で、日本では古来から自然のあらゆるものに神が宿るという精霊崇拝が行われてきました。これが森羅万象に神が宿るとする神道の八百万の神へと進化していったと考えられます。

しかし、それらはいずれも地球という規模で考えた神といえます。その一方で、宇宙そのものを指す神がいます。それが、密教における大日如来です。大日とは「大いなる日輪」という意味で、密教では大日如来は宇宙の真理を現し、宇宙そのものを指します。また、大日如来はすべての命の源であり、命あるものは大日如来から生まれたと考えられています。

つまり、この密教の考え方に基づけば、宇宙の全ては大日如来の中に内包されているということになります。言い換えれば、この世の中のあらゆる神の上位に大日如来があるということになるのだと思います。神の上にいる神、いわば絶対神であり、全てのものの始まりであり終わりでもあるとすればブラックホールでもあるように感じます。

このように、さまざまな神の上位存在として大日如来＝ブラックホールが存在していると考えれば、人間も地球も宇宙もそれぞれは別々の存在ではなく一体となっていて、何か大きな力や法則に基づいて生かされているということになります。そう考えれば、それぞれの違いも含めてひとつの川の流れのような、安定した社会づくりが実現できるのではないかと思うのですがいかがでしょう？

おわりに

私はすでに86年生きてきましたが、「死んだらどうなるのか」「死んだらどこへいくのか」ということを考えると未知の不安を感じます。当然のことですが、「死」を体験した人が戻ってくることはありませんから、「死」というものがどのようなものか教えてくれることはありません。分からないことに対して未知の不安を感じてしまうのは仕方のないことなのかもしれません。

私は死んだらどうなるのか、どこへ行くのか。そんな「死」について、答えのないことを考え続けているなかで、ふと自分は広大な宇宙の一部である、ということに思い至りました。私たちは皆、それぞれ別々の個体として懸命に生きていますが、宇宙から見ればほんのちっぽけな存在に過ぎません。従って、生きている間はもちろん、死んだとしてもその広大な宇宙の塵になるだけのことだろうと感じたのです。それこそが、本書を書いてみようと考えた最大のきっかけです。

私たちは皆、日々働き、お金を得て、何かを食べ、いろんなことを考えながら生きています。確かにお金を稼ぐことは大切なことですが、私は最近、生きていくうえで本当に大切なことは心を安定させることなのだと感じるようになりました。昔は、仏教や神道などの宗教や儒教的な教育に基づく日本人としての考え方、価値観、儀礼といったものが人々の心を安定させる役割を担っていました。しかし、最近の日本の人たちの様子を見ていると、そのような心の支えを失いつつあるのではないか、と感じてしまうのです。

生きることとは大変なことも多く、楽しいことばかりではありません。何もかも投げ出したくなったり、逃げ出したくなったりすることもあるかもしれません。そんな時に、思うがままにとりとめのないことばかりを綴った私の言葉や考え方が、誰かの心の支えの一助となれば本望です。

2021年8月

大家啓一

〈著者紹介〉

大家 啓一（おおか けいいち）

1935 年富山県小矢部市生まれ。1959 年金沢大学医学部卒業。1964 年医学博士、金沢大学院内講師。1967 年小矢部大家病院開設。1985 年小矢部ライオンズクラブ会長、小矢部スポーツ振興審議会会長、体育協議会会長。1986 年小矢部市長。2006 年小矢部市長退任。以後小矢部大家病院名誉院長として今でも週 2 回外来担当。

JASRAC 出 2105495-101

宇宙《うちゅう》の塵《ちり》 人生《じんせい》が豊《ゆた》かになる究極《きゅうきょく》マインド

2021年8月27日 第1刷発行

著 者 大家啓一
発行人 久保田貴幸

発行元 株式会社 幻冬舎メディアコンサルティング
〒151-0051 東京都渋谷区千駄ヶ谷4-9-7
電話 03-5411-6440(編集)

発売元 株式会社 幻冬舎
〒151-0051 東京都渋谷区千駄ヶ谷4-9-7
電話 03-5411-6222(営業)

印刷・製本 中央精版印刷株式会社

装 丁 弓田和則

検印廃止

Printed in Japan
ISBN 978-4-344-93573-0 C0095
幻冬舎メディアコンサルティング HP
http://www.gentosha-mc.com/